6T新思维

5G时代的
企业数字化转型与管理之道

王喜文　朱光辉 ◎ 著

中国人民大学出版社
· 北京 ·

图书在版编目（ＣＩＰ）数据

6T新思维 ：5G时代的企业数字化转型与管理之道 /
王喜文，朱光辉著. -- 北京 ：中国人民大学出版社，
2022.1
ISBN 978-7-300-30133-4

Ⅰ．①6… Ⅱ．①王… ②朱… Ⅲ．①数字技术－应用
－企业管理－研究 Ⅳ．①F272.7

中国版本图书馆CIP数据核字(2021)第279183号

6T新思维：5G时代的企业数字化转型与管理之道

王喜文　朱光辉　著

6T Xinsiwei：5G Shidai de Qiye Shuzihua Zhuanxing yu Guanli zhi Dao

出版发行	中国人民大学出版社		
社　　址	北京中关村大街31号	**邮政编码**	100080
电　　话	010-62511242（总编室）		010-62511770（质管部）
	010-82501766（邮购部）		010-62514148（门市部）
	010-62515195（发行公司）		010-62515275（盗版举报）
网　　址	http://www.crup.com.cn		
经　　销	新华书店		
印　　刷	北京联兴盛业印刷股份有限公司		
规　　格	148mm×210mm　32开本	**版　次**	2022年1月第1版
印　　张	6.25　插页2	**印　次**	2022年1月第1次印刷
字　　数	120 000	**定　价**	59.00元

　　当前，全球第四次工业革命方兴未艾，智能化成为继机械化、电气化、自动化之后的新工业革命，企业生产将随之朝向更高效、更高附加值的方向发展，而变革的核心也就是 5G 和人工智能等新技术的应用。伴随新工业革命的发生，新一代科技创新正在加速落地，并深度融合、广泛渗透到经济社会的各个方面，成为企业转型升级的主导力量。

　　工业通常被认为是国民经济的主体，谁掌握工业革命的主导权，谁就是未来世界强国。第一次工业革命将英国推上世界霸主地位，第二次工业革命为美国称霸全球奠定了基础，第三次工业革命造就了日本经济发展神话，而正在发生的第四次工业革命，中国无限接近。因此，新工业革命也必将重塑世界产业格局，中美贸易摩擦因谁能把握住工业 4.0 的历史性机遇而不断升级，企业经营因贸易摩擦这一外部因素将不可避免地受到巨大的影响。

　　与此同时，2020 年初新冠肺炎疫情肆虐全球，许多企业纷纷停工停产，如何自救、如何生存下去，成了企业亟待解决的难题。

事实上，在每一个危机时代，都会涌现出一批成功的企业。20世纪 30 年代美国经济大萧条的时候，为了让员工继续有工作，IBM 公司下决心彻底改变企业战略，从陷入停滞的美国本土市场转战海外市场，并因此成为一家全球 IT 巨头；1997 年亚洲金融危机，韩国三星公司抱着"除了妻儿，一切皆变"的变革决心，从危机中崛起，获得重生，一跃成为世界电子信息行业领袖；经历了 2000 年网络泡沫的阿里巴巴，从逆境中崛起，如今已经成为全球市值前十的代表性中国企业；一直以危机意识驱动业务增长的华为公司，在最近两年的中美贸易摩擦中屡次被美国制裁，更是不断变革才获得持续发展，成为当之无愧的全球电信设备厂商领导者……

也就是说，企业界唯有认清这场百年大变局的趋势，前瞻谋划，才能顺势而为，抢抓机遇；唯有利用新技术改变经营业态和模式，才能走出"疫情"阴影，重回增长。

在中美贸易摩擦中，5G、人工智能是美国重点打击的科技领域，是引领工业 4.0 发展的技术引擎，也是企业应对新冠肺炎疫情由线下转向线上的利器。运用好 5G、人工智能，一方面有助于克服因内外部因素带来的各种不利影响，实现提质增效，让企业摆脱经营困境；另一方面，新技术可以激发出前所未有的企业创新活力，势必催生业态的重大变革。

5G 作为第五代移动通信技术，正在不断向更高速度、更大容量、更低时延发展，有望成为未来企业数字化转型的"新基建"，帮助企业实现从"4G 永远在线"到"5G 永远在场"的用户产品体验，并带来一系列产业创新和巨大利益。5G 时代的服务机器人、自动驾驶汽车、快递无人机、智能穿戴设备等技术的普及，将持续提升人类生活质量和解放程度。

人工智能经过 60 多年的演进，特别是在移动互联网、大数据、超级计算、传感网、脑科学等新理论、新技术以及经济社会发展的强烈需求的共同驱动下，开始加速发展，呈现出深度学习、跨界融合、人机协同、自主操控等新特征。尤其是大数据驱动知识学习、跨媒体协同处理、人机协同、增强智能、群体智能、自主智能系统等已成为人工智能的发展重点，受脑科学研究成果启发的类脑智能蓄势待发，芯片化、硬件化、平台化趋势更加明显，使得人工智能发展进入新阶段。

5G、人工智能的蓬勃发展，在全方位改变人类生产生活方式的同时，也将为企业带来新的商业机遇。5G 和人工智能为实现从人与人、人与物、物与物、人与服务互联向"智能＋"发展提供了丰富高效的工具与平台，而工业互联网、能源互联网、车联网、物联网等新网络形态不断涌现，智慧地球、智慧城市、智慧物流、智能生活等应用技术不断拓展，将形成无时不在、无处不在的信息网络环境，对人们的交流、教育、交通、通信、医疗、物流、金融等各种工作和生活需求做出全方位、及时的智能响应，推动人类生产方式、商业模式、生活方式、学习和思维方式等发生深刻变革。

疫情过后，利用 5G、人工智能推进数字化转型将是身处各行业的企业不可回避的一个重要课题。

在抗击疫情的过程中，经济、社会活动受到了重大的影响，各大中小企业损失惨重，甚至面临倒闭的风险，这也迫使许多企业家、管理者更多地关注信息技术的重要性，并在疫情后加快各垂直行业的数字化转型升级。5G 与人工智能可以与工业、医疗、交通、金融、教育等行业形成深度创新整合，从而在设计、生产、管理、服务、营销等各环节中，通过人、机、物的连接升级重塑传统生产模式。比如，在 5G+ 人工智能的支撑下，传统产业的物理产品将嵌入越来越多的数字功能，促进硬件向软件化、服务化转变，实现"产品即服务"；在 5G+ 智能机器人的支撑下，大量流程化以及高危工作可由机器承担，而人更多地负责对机器的管理维护与更需创造力的决策工作，实现"人机协同"。

对企业而言，5G、人工智能等新技术已经呈现出强大的影响力和生命力，这些新技术对生产、流通、消费等形成高度渗透、跨界融合，新业态、新模式不断涌现，给以往的企业生态、社会分工、行业和企业边界、生产组织方式等诸多方面带来前所未有的新变化。

5G 和人工智能时代的到来，企业数字化转型或已不再是锦上添花，而是在竞争中存活的必然选择。此时，企业就不能在转型和发展之中套用以往的规律和经验，而是要勇于创新，主动转变，才能成功摆脱困境并走向转型升级之路。

目录

第一篇 **不确定的世界经济**

第 1 章　企业经营宏观环境的突变　/003

第 2 章　全球供应链"黄金比例"的失衡　/009

第 3 章　"Slow Trade"现象的重现　/014

第 4 章　疫情黑天鹅加剧的挑战与迸射的曙光　/017

第二篇 **确定的数字化转型**

第 5 章　前 4G to C，5G to B　/026

第 6 章　5G 是产业界的"新基建"　/035

第 7 章　社会需求因 5G 而彻底改变　/042

第 8 章　人工智能简史　/049

第 9 章　AI 是经济社会"新引擎"　/054

第 10 章　经济发展因 AI 而全面升级　/060

第 11 章　5G+AI 给企业带来新业务机遇　/065

第 12 章　5G+AI 加速企业智能化升级　/094

第三篇 **转型升级之 6T 新思维**

第 13 章　IT：从资源要素到信息数据的转型思维　/135

第 14 章　CT：从线下到线上的转型思维　/141

第 15 章　OT：从自动化到智能化的转型思维　/150

第 16 章　PT：从制造产品到生产服务的转型思维　/161

第 17 章　ST：从电子商务到直播带货的转型思维　/168

第 18 章　MT：从集中式管理到分布式协同的转型思维　/178

参考文献　/187

后记　相信未来　/189

第一篇

不确定的世界经济

2021 年 1 月 25 日晚，习近平主席在北京以视频方式出席世界经济论坛"达沃斯议程"对话会时指出，世界正在经历百年未有之大变局，新冠肺炎疫情大流行影响深远，国际格局深刻调整，国际环境更趋复杂。

在世界百年大变局的序幕中，"VUCA"一词成为网络流行语，受到各界的重视。VUCA 时代指的是不确定的时代。V 是指 volatility（易变性），U 是指 uncertainty（不确定性），C 是指 complexity（复杂性），A 是指 ambiguity（模糊性）。自从 2020 年开始，许多企业纷纷邀请知名专家授课，谋求破解"VUCA 时代企业经营管理的挑战与机遇"。

世界百年未有之大变局，既是大发展的时代，也是大变革的时代。2020 年新冠肺炎疫情的爆发令许多企业意识到：早实现智能化，何至于停工停产？换句话说，疫情黑天鹅只是这场百年大变局的一个加速器——加速企业数字化转型升级的进程。

第 1 章

企业经营宏观环境的突变

随着我国经济的快速发展，在美国眼中，中国已是全球范围内危及其霸权存续、国家获利模式等根本性国家利益的主要对手。我国制造业产值在 2010 年时超过了美国，目前占全球制造业产值的 25.5%；对外投资上升也很快，累计已经达到 1.9 万亿美元，上升到世界第二位；最重要的是 2016 年人民币成为国际货币，即国际货币基金组织（International Monetary Fund，IMF）货币篮子里的五大货币之一，占到 10.92%，排在英镑和日元之前，位于美元和欧元之后的第三位……

人类之间的交易成本最高的方式是战争，而成本最低的方式之一应该是和平贸易。但是，贸易需要有一套规则，而规则的确立与再确立需要国家之间的博弈和较量。而在这其中，又不可避免地会出现贸易摩擦。贸易摩擦是指一些国家通过高筑关税壁垒和非关税壁垒，限制他国商品进入本国市场，同时又通过倾销和外汇贬值等措施争夺国外市场，由此引起的一系列报复和反报复措施。

2018 年 9 月 26 日，联合国贸易和发展会议（UNCTAD）发布了《2018 年贸易和发展报告》。该报告对美国发起的贸易摩擦的影响进行了分析，如果中美贸易摩擦得不到改观、继续激化，2023 年的全球经济增长率将减速至 2.4%，就业、投资及个人消费等所有领域都会陷入低迷，对中美贸易敲响警钟。

该报告设想了美国、中国、日本、欧盟（EU）等相互发动关税制裁的情况。如果贸易摩擦激化，供应链等将陷入混乱，给企业经营带来沉重的打击。报告指出，最终就业和薪资也会减少，还会给个人消费带来不良的影响。报告推测，到 2023 年，民间投资的增长率将逐年减少 1%，贸易盈利减少的中国和日本等国家将通过货币贬值来刺激出口政策。

尽管贸易摩擦很可能是国家力量介入的较量，但真正的主体主要还是竞争双方的企业。从企业面临的宏观经济背景来看，随着中美贸易摩擦的加剧，短期的直接影响将会是外贸行业企业受到一定的打击，短期的间接影响是投资减少；长期的直接影响是国际贸易结构和供应链体系重构以及进口价格上涨带来的通胀压力，长期的间接影响则是消费、生产萧条，市场预期不明朗下的资金撤出（见图 1–1）。

从行业角度来看，受到直接与间接影响的行业主要包括两类（见图 1–2）。

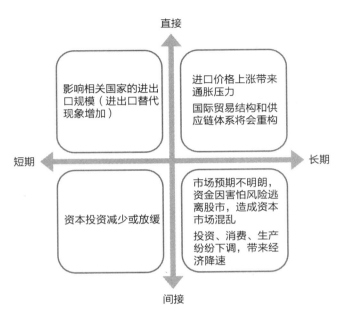

图 1-1 中美贸易摩擦对世界经济的影响

图 1-2 受影响的行业分析

第一类是那些受到美国加征关税影响的行业（现在主要是"中国制造 2025"计划中的行业，将来可能会扩大到其他行业）。这些行业的企业出口、利润、员工就业、股价、债券价格会受到直接冲击，为这些行业提供中间产品与服务的相关企业也会受到波及与影响。

第二类是我国政府采取反制措施、对美国加征关税的那些行业（现在主要是大豆、飞机、汽车等，将来也可能扩展到其他行业）。这些行业的进口产品价格会提高，因此国内消费者（大豆油消费者、飞机乘客、美国进口汽车购买者）的利益会受到负面影响。以这些进口产品为中间产品的相关产业（如大豆油生产商、航空公司、进口汽车销售企业）的销售、利润、员工就业、股价与债券价格可能会受到影响。当然，这些产品的国内生产企业可能会部分获益（前提是他们能在短期内增加进口产品的替代品的供给）。

综合看来，中美贸易摩擦的影响主要体现在以下三个方面。

第一，中美贸易摩擦不但引起净出口对经济的贡献下降，同时还将引起居民收入下降，内需收缩，企业盈利预期下降，最终导致投资萎缩（见图 1-3）。尤其是对民营企业和外资企业的影响最突出（见图 1-4）。据测算，对 GDP 的综合影响远大于单一的外需拉动损失（约两倍），故对投资冲击也不可忽视。

第二，影响我国产业从劳动密集型向资本技术密集型的转型升级，延缓了我国制造业在全球价值链中从下游向中上游的移动。

除直接进出口企业之外，还将对其他领域产生的影响

1 为出口企业提供中间产品与辅助服务的企业

2 利用进口的中间产品生产最终产品的企业

3 中国境内对美出口的外资企业可能转移到其他国家或撤回本国，从而影响外资带来的就业、技术溢出效应

4 削弱中外投资者对中国经济增长的信心，若其抛售股票、债券，可能引起股市、债市、外汇市场的动荡与危机

图 1-3 中美贸易摩擦带给企业的影响

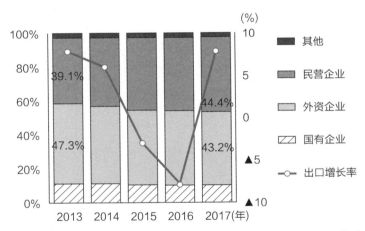

图 1-4 我国出口增长率以及出口企业性质构成（2013—2017 年）

数据来源：中国海关总署。

第三，中美贸易摩擦遏制了我国高科技领域的发展速度，打压了我国工业化、信息化的发展势头。中美贸易摩擦已经对我国机器人产业造成了严重的影响。美国首轮对中国 340 亿美元、第二轮 160 亿美元的加征关税对象，就包括半导体以及机器人产业项目。国家

6T 新思维 ｜ 5G 时代的企业数字化转型与管理之道

统计局统计数据显示，2018 年我国机器人产量年增长率从 5 月的 35.1% 锐减至 7 月的 6.3%。

若贸易环境恶化成为长期现实，美国对我国全部 5000 亿美元进口商品开征关税，那将使我国经济增长受到不可忽视的打击，加大投资建设，刺激总需求也许有可能会低于预期。与此同时，我国还将面临产能过剩和能源大宗通胀双重压力，陷入类滞胀困境。

第2章

全球供应链"黄金比例"的失衡

2018年4月17日，IMF发布的《世界经济展望》报告中指出，关税和非关税贸易壁垒的增加将破坏全球价值链，减缓新技术的扩散，导致全球生产率和投资下降。彼得森国际经济研究所（Peterson Institute for International Economics，PIIE）认为，若美国对中国施加贸易制裁并导致中国反制，许多向中国出口中间产品和原材料的国家与地区也将遭受严重的冲击。

世界经济总量的1/3是由中国和美国贡献的，两国经济关系的负面发展会给世界经济的走势带来风险。中美贸易摩擦虽然表面上是中美之间经常账户的直接对抗，实际上关系到产业链上的众多国家。例如，一旦以电气机械设备等为主的中国出口贸易塌缩，也会直接影响到韩国、日本和德国等产业链上游国家。中国许多高端核心的技术和设备都是从这些国家进口的，利用劳动力成本优势进行组装，然后出口给美国。因此，中美贸易摩擦实际上触发的是国际贸易的危机！

当前，全球经济已经深度一体化，各国充分发挥各自在技术、劳动力、资本等方面的比较优势，在全球经济中分工合作，形成高效运转的全球价值链，共同分享价值链创造的经济全球化红利。尤其是以跨国公司为代表的各国企业通过在全球范围内配置资源，最大限度地降低了生产成本，提高了产品和服务质量，实现了企业与企业之间、企业与消费者之间的共赢。

中美贸易摩擦将严重破坏甚至割裂全球价值链，冲击全球范围内正常的产品贸易和资源配置，并通过各国经贸的相互关联，产生广泛的负面溢出效应，降低全球经济的运行效率。例如，汽车、电子、飞机等行业都依靠复杂而庞大的产业链支撑，日本、欧盟、韩国等供应链上的经济体都将受到贸易收缩的负面影响，并产生一连串的链式反应。

现有研究普遍认为，全球价值链分工模式自20世纪90年代开始繁荣起来，这一分工模式的重要特点是产品的不同生产环节分别在不同的国家完成。这一分工模式往往能对贸易增长或下降产生放大效应。在20世纪90年代到21世纪头10年的"亚洲工厂"增长期内，东亚经济体自发地将自己安排成一条制成品的生产线，往往由中国负责总装。

例如，美国对中国产品的最终需求一旦下降，不仅导致中国出口下降，还会导致中国进口中间品下降，不同生产环节国家的进出口均会受到影响，从而使贸易增速下滑，甚至比GDP下滑更加严重。

当然，如果 GDP 增速加快，贸易增速的提升幅度往往也会更大，但前提是全球价值链得到修复。

然而，这种模式正在改变。根据 IMF 和世界银行的计算，"中国制造"如今更加名副其实。早在全球金融危机爆发前，进口原材料在中国出口产品中所占比例已呈下降趋势，从 2000 年的 50% 以上降至今天的不足 35%。

自 2011 年"3·11"日本东部大地震和泰国大洪水灾害之后，日本企业一直在摸索在供应链中实现"集中与分散"的平衡。"3∶7"，西成教授表示"这一比例还适用于供应链管理。"就像有意识地将"中央管制"控制在三成左右一样，在日本直接管理的产品和零部件占整体的三成，其余七成的管理交给销售产品和在当地生产产品的海外公司。这样一来，在发生灾害和突发事件时，全球范围内供应链中断的情况将大幅减少。

在"3·11"日本东部大地震发生七年之后，日本企业的供应链发生了怎样的变化呢？来看一下日本企业在美国的零部件和材料采购状况。据日本贸易振兴机构（JETRO）统计，2017 年在美国开展生产和销售活动的日本企业及当地法人不经由本国采购的比例为 74.7%，从日本的采购占比为 25.3%，两者之间大致比率为 3∶7。

分散和本地化的倾向在东南亚国家和中国也很突出。虽然并不是仅依靠物理法则就能支配世界，但是分散集中和顺畅的货物流通过程中的确存在某个最佳平衡。有这样一个参考示例。据称，在飞机的管制和铁路运行方面，决策的分散化已成为世界性潮流。例如，在机场，个别飞机通过传感器感知各自的位置，以此来避免发生碰撞的机制已经启用。其目的是尝试减轻塔台的工作量，提高航空服务整体的效率。

回到供应链管理的话题，我国供应链的黄金比例会因政治状况等因素的影响而发生变化。中美贸易摩擦的根本原因是美国对华贸易逆差占到其贸易逆差的一半，美国因此感到不满。

企业方面，美国苹果公司也不得不应对这种变化。美国逆差额最高的品类就是电气设备和机械。这一品类所产生的数千亿日元的逆差额中就包含在中国进行最终组装的智能手机 iPhone 等。目前，智能手机尚未被列入关税制裁对象，但是，美国政府已显示出对中国的全部输美产品加征关税的意向。

如果智能手机成为加征关税的对象，日本也将受到影响。据美国加利福尼亚大学调查，在 iPhone 的价格中，在中国大陆进行组装加工的人工费比率不到 2%，而在日本和中国台湾等地生产的电子零部件和材料的成本总计占 20% 左右。或许，对日本企业的影响将远超中国。

从降低成本的角度来看，iPhone 的供应链被指经过最缜密的设计。但是，从黄金比例来看，并不能说苹果公司的供应链始终坚如磐石，而日本的电子零部件厂商也在该供应链之中。

之前的任何时代都没有像今天如此完整和成熟的产业链。例如，以中国为主轴的亚洲的垂直制造业产业链在过去 15 年中成长非常快，日本、韩国、泰国、马来西亚和越南等国都向中国出口大量的中间产品，美国挑起的中美贸易摩擦对这些向中国出口中间产品的国家所造成的影响也很大。

中美贸易摩擦发生以来，2018 年全球 FDI（外商直接投资）流量下降，一个很重要的原因就是不知道全球产业链会在什么样的模式和格式下重塑，这是一个很大的变化。产业链的变化会引起投资资金流动的变化、全球产业链重新配置的变化，这个影响是深远的，是世界经济史中从未经历过的事情，需要我们予以重点研究。

"Slow Trade" 现象的重现

"Slow Trade" 是指全球贸易增速低于经济增速的现象。一旦全球贸易增长低于经济增长，挑战将非常严峻。

2008 年全球金融危机对世界经济增长造成了严重的冲击，与世界国内生产总值（GDP）增速相比，全球货物贸易增速受到的影响更大。伴随全球金融危机的发生，2009 年全球货物贸易实际增速下滑的幅度是 GDP 的 29.97 倍，名义增速的下滑幅度更是 GDP 的 58.56 倍，以至于经济学界将其称为"贸易大崩溃"。截至 2016 年，全球货物贸易增速依然低于 GDP 增速。

2017 年，约占全球 GDP 75% 的 120 个国家的经济增长率超过 2016 年，呈现出近年来少见的全球经济发展看好的局面。其原因是全球贸易量的扩大，主要标志是摆脱了 2008 年全球金融危机以来长达 9 年的 "Slow Trade" 现象。贸易的活跃让各国积极扩大产能，加大固定资产投资和基础设施投资，带动了全球经济的增长。但是，因中美贸易摩擦的影响，贸易增长恐将再度停滞，"Slow Trade" 现象也将重现（见图 3–1）。

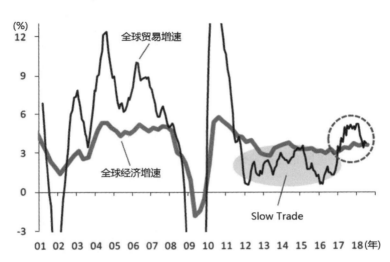

图 3–1 Slow Trade：全球贸易增速低于经济增速

数据来源：IMF。

　　随着我国应对美国贸易挑战，加大自主化进口替代，必将破坏全球供应链体系，"Slow Trade" 现象正重新走来，主要有以下三大影响：

- 基于国际贸易的全球经济体无法同步保持增长。
- 由于各国企业无法进行自己不擅长部分（比较劣势）的生产，导致生产率和收益降低。
- 大规模转向本国自主生产后，各国经济增长率无法超过供给能力上限（潜在经济增长率）。

受到影响最大的就是中国和美国这两个贸易摩擦当事国的企业，具体影响如下：

第一，对出口依赖度较高的我国经济将受到直接冲击。同时，如果全球市场减弱，国家层面的扩大内需将导致产能过剩，给未来的经济增长埋下隐患。

第二，将终结通过外包生产追求比较成本优势，实现高收益和高生产率的美国企业商业模式（例如苹果公司）。企业业绩恶化，将导致股价下滑。

第三，也将对美国造成重大影响。美国失业率低于自然失业率，劳动力将不足。低于价值环节的生产也在美国进行并不现实。美国通过引进海外劳动力，保持着超过 3% 的经济增长率。如果美国面临供给制约，一旦经济增长率低于潜在经济增长率（1.8%），那将会与现阶段高增长形成巨大落差。

第 4 章

疫情黑天鹅加剧的挑战与进射的曙光

近年来，全球健康专家曾多次提醒，传播速度和严重程度都堪比 1918 年大流感的大流行病势必会发生。没想到，2020 年居然应验。新冠肺炎成为百年大流行病的威胁已变得非常现实。

2020 年第一季度，疫情对消费、投资和进出口等经济"三驾马车"的影响较大。此次疫情在我国春节期间爆发，给零售服务业带来的冲击可能甚于非典。对于零售行业来说，春节期间的销售额占全年的比例很大。由于防控措施，很多返乡过年的务工人员无法及时返回工作岗位，导致企业不能及时复工……

新冠肺炎疫情致使许多企业停工，让经济发展蒙上了阴影，一时间"自救"成了企业界必须思考的课题。有的企业选择了从线下转向线上，有的企业选择了灵活用工，有的企业选择了业务转型。尽管选择不同，但共同之处都是利用 5G 和人工智能等新技术。

也就是说，疫情反而给了企业很多关于转型与机遇的启发和思路。

第一，转型。疫情发生以来，云平台服务渐渐受到市场的欢迎，也加速了各行各业数字化转型的进程。由于交通中断，许多传统企业通过电子商务平台开展采购和销售，使用信息化工具提升自身运营效率，"云办公"成为不少企业的不二选择。后疫情时代，企业将更加务实地推动"提质增效"和"高质量发展"，进一步增强风险意识，更多地采用 5G 和人工智能等新技术。

同时，对于疫情数据的公开和获取速度，与 SARS 疫情期间相比有了质的提升，依靠大数据技术，在疫情防控方面也做到了科学引导和合理管控。对于企业而言，数据将是重要的资产，不一定是对制造企业自身，对于行业和整个社会都是重要的财富。当前行业数据、企业数据、生产数据、设备数据的管理还处于初级阶段。中小企业不重视自身数据的积累和使用，而部分行业数据、企业数据的真实可靠性还需要甄别，影响了行业决策和企业快速响应。随着 5G 应用和数字化技术的普及，中小企业将更加重视数据的积累，而数据的采集和利用价值可以反哺中小制造业企业，通过产业链数据联动，实现精准的生产安排、销售和库存优化。

未来企业在线办公、虚拟化运营方式已经开始了。在线办公、平台化云运作将代替通勤方式，办公云化，员工居家办公，工作按平台化分单，每一两周或每月聚一次，恪守以工作结果为导向，弱化办公大楼集中办公方式，加强家庭信息化，不赶路，不堵车，不污染，少出差，时空为零，网上 AR、VR 虚拟客厅，随时沟通，效率大增，此为必然方向。

第二，机遇。在疫情的冲击下，一些新型领域瞬间被引爆，比如在线办公、无人机配送、服务机器人等，这些领域已经进入快车道，并加速向相关领域渗透、赋能。疫情过后，随着 5G 建设的推进，在线办公、无人机配送、服务机器人有了高速且高稳定的通信网络保障，将保持相当长的高速增长阶段。

疫情期间，闪现出不少科技的光芒，最惹眼的莫过于"无人"以及"非接触"概念产品使用，如利用无人车辆运送快递、利用无感 AI 体温测量在人流密集场所实现无人值守、利用无人机技术协助进行疫情防控。疫情在一定程度上助推了人工智能技术的推广，依靠少量技术管理人员就可运转的智能工厂或"无人"工厂在接到复工要求后可以快速实现复工，生产全自动化，厂区物料运输通过 AGV 运送，少量技术管理人员即可完全满足疫情管控要求。经历过疫情，"无人"技术将更加深入企业决策者的脑海，不仅仅是在生产主要环节，在如物流、仓储、保管等辅助生产环节也将加快应用。

在我国的城区医院里，越来越多的远程遥控机器人可以进行远距离视频通信、监视病人、递送医疗物资。它们在抑制病毒传播上起到了安全桥梁的作用。另外，一家著名的电商也在武汉试用了一批自主快递机器人。

新冠肺炎疫情的快速传播，也让我国的农村医疗机构承受着压力，迫使它们加快了采用机器人的步伐，并以此为解决方案来提供医疗服务。这些机器人也是我国大规模依靠科学技术来应对新冠肺炎疫情爆发的响应手段之一，其中包括无人机和家务 App。

随着 2019 年 5G 元年的开启，我们也看到了在城区医院基于 5G 的医疗机器人正在兴起。这些机器人装备了摄像机，可以进行远程视频通信，照料病人。中国移动公司向武汉协和医院和同济医院各捐赠了一台 5G 机器人。这些机器人装备有消毒剂罐，能根据预定路线对医院各区域进行消毒，减少医护人员被感染的风险。

当然，通过在线办公，大家都意识到了网络基础设施的重要性，这必然会掀起民生导向的"新基建"高潮。尤其是，5G 和人工智能、云计算、大数据在公共卫生体系、传染病防治等公共应急服务领域的应用或将成为公共财政投资的重点。5G 为疫情防控提供了重要的基础支撑作用，同时，疫情也为 5G 提供了得天独厚的展示平台。在短短的一个月时间内，基于 4K/8K 超高清视频、VR/AR、无人机 / 车 / 船、机器人的四大核心基础应用提前进入了验证和示范阶段。这是 5G 未来 10 年最核心的基础能力，几乎是所有行业革新的基础。

5G＋人工智能实现的智能医疗系统快速地在全国范围内铺开，大城市、大医院专家资源瞬间通过系统铺向全国，特别是疫情高发地区，让疫情期间密集的远程诊断分析、集中讨论能够顺利进行。在特定高危场景，5G+VR 视像传输系统为重症监护室提供了"非接触式"远程探视，5G+ 智能机器人承担护理、派送与清洁消毒等工作，有效地降低了一线医务人员交叉感染风险。

　　基于 5G＋人工智能的机器人与无人车等已在武汉之外的多地投入使用，承担测温、护理以及运输等多重职责，为一线抗疫的长期战线做好了准备。医院之外，基于 5G 网络的智能终端等也更多地出现在机场、火车站、地铁、办公楼等人群密集区域。通过搭载红外热成像技术，为各大关键人流关口实现多人体温检查、高清视频监控等功能，极大地提升了检测检疫效率。

　　后疫情时代，我们也将看到更多的希望——通过数字化转型加速，数字经济快速发展，企业也将迎来重生的巨大机遇。

第二篇

确定的数字化转型

我们不能左右世界经济的发展。不管世界经济如何风云变幻，不管世界经济发展如何不确定，对众多企业而言，确定要做的是把握技术红利，进行全面数字化转型。如同 2020 年 11 月 13 日上午富士通（中国）信息系统有限公司 CEO 薛卫在中国国际高新技术成果交易会论坛上所说，数字化转型是企业的必选项，而后疫情时代所带来的新常态，将加速企业数字化转型的脚步。

数字化转型的英文全称为 digital transformation，缩写为 DX，其中 X 代表着多维度、多方面、多方式。这个概念从 2017 年开始逐渐升温并得到全球各行各业的认可，并成为企业重要发展战略之一。数字化转型并不是追求眼前效益，而是通过数字化技术（如 5G、AI 等）对企业业务的流程和方法进行重构和优化。云服务应用市场平台公司 App Direct 的一项数字调查报告显示，70% 的企业高层认为，只有实施数字化转型的企业才能在下一个五年中生存下去。

数字化转型自然需要用到新一代信息通信技术。5G 是新一代通信技术的代表，AI 则是新一代信息技术的代表，两者都是能够改变时代、改变社会、改变经济的颠覆性技术。目前，我国已经发放了四张 5G 牌照，5G 正处在爆发前夜的阶段；在人工智能方面，业界普遍认为，工业 4.0 是继机械化、电气化、自动化之后的新一轮科技革命和产业变革，而 AI 是工业 4.0 的重要引擎。

显然，5G 和 AI 已经成为企业新一轮数字化转型必须掌握的技术，华为创始人任正非先生也曾经披露华为的数字化转型战略：左手 5G，右手 AI。因此，企业唯有深入了解 5G 和 AI 的技术特征、发展趋势、先进应用，才能顺利步入转型升级之路。

第 **5** 章

前 4G to C，5G to B

自 20 世纪 80 年代以来，全球每 10 年都会出现新一代移动通信技术，推动信息通信产业的快速创新，带动经济社会的繁荣发展。当前，第五代移动通信技术（5G）正在到来，它将以全新的基站系统、网络架构，提供远超 4G 的速率、毫秒级的超低时延和千亿级的网络连接能力，开启万物广泛互联、人机深度交互的新时代（见图 5–1）。

	1G （1980年—）	2G （1993年—）	3G （2001年—）	3G IMT 3.5G （2006年—）	3.9G （2010年—）	4G IMT-Advanced （2014年—）	5G （2020年—）
通信 方式	各国标准 各不相同 （模拟信号）	PDC(日本) GSM(欧洲) cdmaOne(北美)	W-CDMA CDMA2000	HSPA EV-Do	LTE	LTE-Advanced	5G
速率	—	较慢	384Kbps	14Mbps	100Mbps	1Gbps	20Gbps
主要 服务	📞	✉	💻 🎵	🎮	▶	📺	🦾 🚗
主要 对象	人						物

图 5–1　5G 与前四代通信技术有本质的区别

5G 中的 "G" 是英语单词 "Generation" 的首个字母，也就是 "世代" 的意思。也就是说，5G 就是第五代移动通信系统，也被定义为 "新基建" 的焦点概念。

早在 1820 年，丹麦物理学家汉斯·克里斯蒂安·奥斯特（Hans Christian Oersted）发现，当导线中有电流通过时，放在它附近的磁针就会发生偏转。1887 年，德国青年物理学家海因里希·鲁道夫·赫兹（Heinrich Rudolf Hertz）通过实验揭示了电磁波存在的伟大真理，为人类利用无线电波开辟了无限广阔的前景。这就是通信技术追本溯源的起始——"Hz"（赫兹）也成了国际单位制中频率的单位。

电磁波应用于通信领域有其独特性和必然性。首先，电磁波是一种能量，存在产生和吸纳的可能，与信息的发送和接收具备极高的匹配性；其次，人们通常认为，光速是宇宙中最快的速度，而电磁波在真空中的传播速度就是光速，这一点使得电磁波能够最大限度地满足信息传输对速度的要求。所以在理论和现实匹配性的基础上，1986 年第一代移动通信系统在美国芝加哥诞生，也就是 1G 网络。

1G（语音通话）：1G 移动网络在 20 世纪 80 年代初投入使用，它具备语音通信和有限的数据传输能力（早期能力约为 2.4Kbps）。1G 网络利用模拟信号使用类似 AMPS 和 TACS 等标准在分布式基站（托管在基站塔上）网络之间 "传递" 蜂窝用户。

2G（消息传递）：在 20 世纪 90 年代，2G 移动网络催生出第一批数字加密电信，提高了语音质量、数据安全性和数据容量，同时通过使用 GSM 标准的电路交换提供有限的数据能力。20 世纪 90 年代末，2.5G 和 2.75G 技术分别使用 GPRS 和 EDGE 标准提高了数据传输速率（高达 200Kbps）。

3G（多媒体、文本、互联网）：20 世纪 90 年代末到 21 世纪初，3G 网络通过完全过渡到数据分组交换，具有了更快的数据传输速度，其中一些语音电路交换已经是 2G 的标准，这使得数据流成为可能，并在 2003 年推出了第一个商业 3G 服务，包括移动互联网接入、固定无线接入和视频通话。3G 网络现在使用 UMTS 和 WCDMA 等标准，在静止状态下将数据速度提高到 1Gbps，在移动状态下提高到 350Kbps 以上。

4G（实时数据：车载导航、视频分享）：2008 年推出 4G 网络服务。它充分利用全 IP 组网，并完全依赖分组交换，其数据传输速度是 3G 的 10 倍。4G 网络的大带宽优势和极快的网络速度提高了视频数据的质量。长期演进技术（LTE）网络的普及为移动设备和数据传输设定了通信标准。

每一代移动通信技术之所以能够实现更快的速度、更低的时延和更稳定的传输，都是通过技术的演变和架构的调整，提高了可用频段的带宽和已有频段的传输效率（见表 5–1）。

表 5-1　5G 前的通信比较

	第一代移动通信（1G）	第二代移动通信（2G）	第三代移动通信（3G）	第四代移动通信（4G）
起始时间	20 世纪 80 年代	20 世纪 90 年代	21 世纪初	21 世纪头 10 年
世界商用时间	1978 年，美国贝尔实验室第一次开发出高级移动电话系统（AMPS）	1989 年，欧洲以 GSM（全球移动通信系统）为标准进入商业化应用	2001 年 10 月，日本的 NTT DoCoMo 运营商第一个在世界上开通了 WCDMA 服务	2010 年世界移动通信大会将 LTE 作为业界关注焦点
中国商用时间	1987 年，开始部署 1G 网络	1993 年，嘉兴 GSM 网正式成为我国第一个数字移动通信网	2009 年正式给三大运营商颁发 3G 牌照，我国进入了 3G 时代	2013 年 12 月，工业和信息化部正式为三大运营商颁发 4G 牌照，我国进入 4G 时代
代表性企业	摩托罗拉（大哥大）	诺基亚	苹果、三星等	苹果、三星、华为等
主要特点	模拟信号传输、语音通话	数字信号传输、语音通话、短信服务、简单的低速数据服务	可同时传输声音和数据信息，提供高质量的多媒体业务	可快速传输数据、音频、视频和图像
缺点	语音质量低、信号不稳定、抗干扰性差	数据传输容量有限、通信加密密度较弱	用户容量有限、传输速率较低、传输标准不统一	全球使用频段过多、不支持物联网传输

从模拟通信到数字通信，从文字传输、图像传输到视频传输，移动通信技术极大地改变了人们的生活方式。前四代移动通信网络技术只是专注于移动通信，而 5G 在此基础上还包括了智能制造、智能交通、智能医疗和智能物流等众多应用场景。

5G（万物互联）：面对如此复杂多变的应用环境，5G 不只是简单地升级了移动通信技术，而是对整体基站建设和网络架构进行了创新性的改变。不同于过去 2G 到 4G 时代重点关注移动性和传输速率，5G 不仅要考虑增强宽带，还要考虑万物互联所需的大规模连接和超低时延，以及未来需求多样化、关键技术多样化、演进路径多样化等多个维度。

从 2009 年开始，华为公司前瞻性布局 5G 相关技术的早期研究。经过 10 年的研发，3GPP 完成 5G 的完整版本标准制定，并完成 IMT-2020 标准的提交。2019 年 6 月 6 日，工业和信息化部向中国移动、中国联通、中国电信和中国广电颁发了 5G 牌照，标志着 5G 时代正式到来，我国率先进入 5G 商用元年（见表 5–2）。

表 5–2   **5G 发展重要时间节点**

时间	里程碑
2009 年	华为开展 5G 相关技术的早期研究
2013 年 2 月	欧盟宣布，拨款 5000 万欧元，加快 5G 移动技术的研发
2013 年 5 月	韩国三星公司宣布，已成功开发出 5G 的核心芯片
2014 年 5 月	日本电信营运商 NTTDoCoMo 宣布将与爱立信、诺基亚、三星等厂商共同合作，研发 5G 技术

续前表

时间	里程碑
2015 年 10 月	ITU（国际电信联盟）正式将 5G 技术命名为 IMT-2020，并预计在 2020 年完成标准制定 中欧美日韩 5G 推进组织签署协议，为全球统一的 5G 标准奠定了基础
2016 年 4 月	华为公司率先完成中国 IMT-2020（5G）推进组第一阶段的空口关键技术验证测试
2016 年 7 月	诺基亚公司与加拿大运营商 BellCanada 合作，完成加拿大首次 5G 网络技术的测试
2016 年 10 月	高通公司发布了全球首个 5G 调制解调器——骁龙 X50 调制解调器
2016 年 11 月	3GPP（国际无线标准化机构）确定，中国华为公司主推的 PolarCode 方案成为 5G 控制信道 eMBB 场景下的标准编码方案，美国高通公司主推的 LDPC 方案成为数据信道的上下行编码方案
2017 年 4 月	KT、Verizon 打通全球首个 5G 全息视频通话
2017 年 6 月	广东开通中国首个 5G 基站，属于国内首次在外场中测试
2017 年 11 月	工业和信息化部发布《关于第五代移动通信系统使用 3300-3600MHz 和 4800-5000MHz 频段相关事宜的通知》，确定了 5G 的中频频谱
2017 年 12 月	5GNR（NewRadio，空口）首发版本正式冻结
2018 年 2 月	沃达丰和华为两家公司宣布在西班牙合作采用非独立的 3GPP5G 新无线标准和 Sub-6GHz（低频频段），完成了全球首个 5G 通话测试
2018 年 2 月	华为公司在世界移动通信大会上发布了首款 3GPP 标准下的 5G 商用芯片巴龙 5G01 和 5G 商用终端，支持全球主流 5G 频段

续前表

时间	里程碑
2018 年 6 月	5GNR 标准 SA（Standalone，独立组网）方案正式完成并发布，这标志着首个真正具有完整意义的国际 5G 标准正式出炉
2018 年 6 月	中国联通公布了 5G 部署：将以 SA 为目标架构，前期聚焦 eMBB，5G 网络计划 2020 年正式商用
2019 年 6 月	工信部正式向中国移动、中国联通、中国电信、中国广电发放 5G 商用牌照

其实，国家对 5G 的发展高度重视，早在 2016 年 7 月 27 日，国务院新闻办公室举行发布会向社会发布了《国家信息化发展战略纲要》全文，其中"新一代信息网络技术超前部署行动"是优先行动之首（见图 5-2）。行动目标明确为，到 2018 年，开展 5G 网络技

图 5-2　中国新一代信息网络技术超前部署行动

术研发和测试工作，互联网协议第 6 版（IPv6）大规模部署和商用；到 2020 年，5G 完成技术研发测试并商用部署，互联网全面演进升级至 IPv6，未来网络架构和关键技术取得重大突破。

在《国家信息化发展战略纲要》中，为实现新一代信息网络技术超前部署行动，重点提出了四项任务。

- 加快推进 5G 技术研究和产业化。统筹中国产学研用力量，推进 5G 关键技术研发、技术试验和标准制定，提升 5G 组网能力、业务应用创新能力。着眼 5G 技术和业务长期发展需求，统筹优化 5G 频谱资源配置，加强无线电频谱管理。适时启动 5G 商用，支持企业发展面向移动互联网、物联网的 5G 创新应用，积极拓展 5G 业务应用领域。

- 加快推进下一代广播电视网建设与融合。统筹有线无线卫星协调发展，提升广播电视海量视频内容和融合媒体创新业务的承载能力，推动有线无线卫星融合一体化，以及与互联网的融合发展，构建天地一体、互联互通、宽带交互、智能协调、可管可控的广播电视融合传输覆盖网，支持移动、宽带、交互、跨屏广播电视融合业务的开展。

- 推动下一代互联网商用进程。加快网络基础设施全面向 IPv6 演进升级，提升内容分发网络对 IPv6 内容的快速分发能力。加快 IPv6 终端和应用系统研发，推动智能终端支持 IPv6，实现 4G 对 IPv6 的端到端支持。加快推动基于 IPv6 的移动互联网商用进程，积极引导商业网站、政府及公共企事业单位网站向 IPv6

迁移。

- 超前布局未来网络。布局未来网络架构，加快工业互联网、能源互联网、空间互联网等新型网络设施建设，推动未来网络与现有网络兼容发展。加快构建未来网络技术体系，加快建立国家级网络试验床，推进未来网络核心技术重点突破和测试验证。加强未来网络安全保障，积极防范未来网络安全风险。

在《国家信息化发展战略纲要》的指引下，2017 年，通过 5G 产业界的共同努力推动，5G 有关标准、关键技术、产业环境都取得了突破性的进展。2018 到 2019 年，5G 步入外场测试和预商用阶段，标准和技术将进一步完善，大规模外场测试将广泛进行。2020 到 2021 年，5G 开始实现规模化商用。这个阶段 5G 网络建设的主要目标是分流 4G 网络的压力，进一步提升无线网络带宽。而到 2022 年之后，5G 商用将持续深入和拓展，通信业与垂直行业将跨界融合，涌现更多的新业态、新模式、新场景。尤其是，5G 作为未来数字经济时代的关键使能技术和基础设施，将强有力地支撑垂直行业的智能化转型，如智能制造、智能农业、智能医疗、智慧城市、智能环保、无人驾驶、智能机器人以及工业互联网等新场景也将层出不穷。

第 6 章

5G 是产业界的"新基建"

　　5G 移动技术在目前无线普及有限的各个行业和流程中不断扩散，将给广泛的行业领域和地域带来深远和持久的影响。

　　国际电信联盟无线电通信局（ITU-R）定义了 5G 的三大典型应用场景：增强移动宽带（eMBB）、高可靠低时延通信（uRLLC）和海量物联（mMTC）。其中，eMBB 主要面向虚拟现实（VR）/ 增强现实（AR）、在线 4K 视频等高带宽需求业务；mMTC 主要面向智慧城市、智能交通等高连接密度需求的业务；uRLLC 主要面向车联网、无人驾驶、无人机等时延敏感的业务（见图 6–1）。

　　具体而言，三大场景的概念及其释义如下。

　　增强移动宽带（eMBB），就是指"大带宽"，是以人为中心的应用场景，集中表现为超高的数据传输速率、广覆盖下的移动性保证等。未来几年，用户数据流量将持续呈现爆发式增长（年均增长率高达 47%），而业务形态也以视频为主（占比达 78%）。在 5G 的支持下，用户可以轻松享受在线 4K/8K 视频以及 VR/AR 视频，用户体

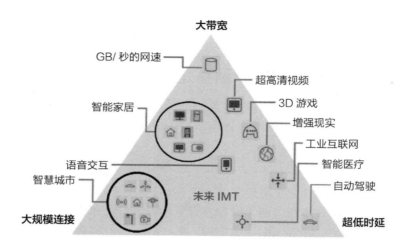

图 6-1　ITU 定义的 5G 三大应用场景

资料来源：国际电信联盟（ITU），作者改译。

验速率可提升至 1Gbps（4G 最高为 10Mbps），峰值速率甚至可以达到 10Gbps。

uRLLC，直译为"高可靠低时延连接"，就是指"超低时延"。未来的应用场景中，连接时延要达到 1ms 级别，而且要支持高速移动（500km/h）情况下的高可靠性（99.999%）连接。这一场景更多面向车联网、工业控制、远程医疗等行业应用。

海量物联（mMTC），就是"大规模连接"。5G 强大的连接能力可以快速促进各垂直行业（智能制造、智能农业、智慧城市、智能家居、智能环保等）的深度融合。在万物互联时代，人们的生活方式也将发生颠覆性的变化。这一场景下，数据传输速率较低且对时延不敏感，连接将覆盖经济社会的方方面面。

因此，国内业界普遍认为，随着 5G 的到来，更高的速率、更大的带宽、更低的时延成为可能，一些依靠过去的移动通信技术所无法实现的业务随之成为可能，从而实现业务应用的大规模创新，有望进一步挖掘消费潜力，扩大消费总量，进而对设备制造和信息服务环节也产生明显的带动作用。放眼未来，5G 将成为全面构筑经济社会智能化转型的关键基础设施，从线上到线下、从消费互联网到工业互联网、从新兴人工智能行业到传统行业智能化升级，推动我国智能经济发展和智能社会建设迈上新台阶。

其实，早在 10 年前，物联网就备受社会各界关注，许多人认为物联网是一种彻底改变一个人生活方方面面的方法。物联网与大数据、人工智能等其他新技术的深度融合，将形成诸多平台解决方案。人工智能将提供分析物联网设备收集的大数据的算法，识别各种模式，进行智能预测和智能决策（见图 6–2）。随着物联网设备数量的增加以及所产生的数据量的增加，5G 增强网络的大规模连接尤为重要。5G 技术将实现更广泛的网络覆盖，更稳定的互联网连接和更快的数据传输速度（从 4G 时的 1Gbps 到 10Gbps），它还将允许更多移动设备同时访问网络，从而实现真正意义上的万物互联。

5G 为各行各业创造了巨大的机遇，同时也为大规模的颠覆奠定了基础。据爱立信公司预测，到 2020 年主要的 5G 网络会部署，到 2024 年，41 亿台物联网设备联网将在全球范围内使用 5G 通信。

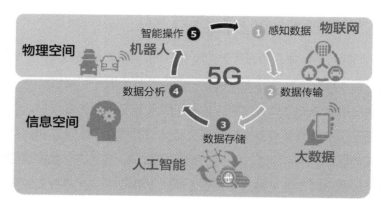

图 6-2 5G 与物联网、大数据、人工智能的深度融合

随着 5G 技术不断进步并嵌入大量终端、机器和流程，无线通信将如上述例子那样为各个行业和地域带来变革性影响，并将引领创新与经济发展新时代。未来，5G 与云计算、大数据、人工智能、虚拟／增强现实等技术的深度融合，将连接人和万物，成为各行各业数字化转型的关键基础设施。

一方面，5G 将为用户提供超高清视频、下一代社交网络、浸入式游戏等更加身临其境的业务体验，促进人类交互方式再次升级。

另一方面，5G 将支持海量的机器通信，以智慧城市、智能家居等为代表的典型应用场景与移动通信深度融合，预期千亿量级的设备将接入 5G 网络。更重要的是，5G 还将以其超高可靠性、超低时延的卓越性能，引爆如车联网、移动医疗、工业互联网等垂直行业的应用（见图 6-3）。

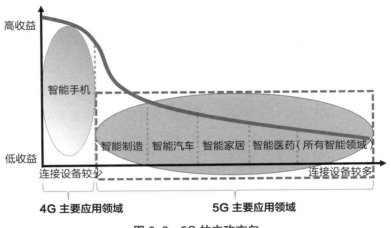

图 6-3 5G 的主攻方向

我国已经成为 5G 率先商用的国家之一,快速发展的垂直行业数字化转型和巨大的用户规模都将推动我国 5G 产业快速健康地发展。中国电信运营商和设备商已在 5G 产业合作和垂直行业场景验证方面开展了很多工作,在 VR/AR、车联网、工业无线、远程控制、智能电网、远程医疗领域的高清直播、无人驾驶、智能制造、远程挖掘机、无人机电网巡检、远程手术等典型场景,不断探索未来 5G 的创新应用,优化 5G 基础网络产品。

伴随我国加快实施制造强国和网络强国战略,大力推进智能制造发展,5G 将更广泛、更深入地融入工业领域,工厂车间中将出现更多的 5G 局域网无线连接,促使工厂车间网络基础设施不断优化,有效提升网络化协同制造水平,促进工厂车间提质增效。中国信息通信研究院发布的《5G 经济社会影响白皮书》中预计,到 2030

年，我国工业领域中的 5G 相关投入（通信设备和通信服务）将达到 2000 亿元。5G 技术可以帮助制造业的生产操作变得更加灵活和高效，同时提高安全性并降低维护成本，实现"智能工厂"。例如，通过 5G 移动网络远程控制，监控和动态配置工业机器人，使它们通过自我优化来改进流程；通过 5G 移动网络推动增强现实（AR）在工厂里的应用，可以支持培训、维护、施工和维修。

医疗系统需要更快、更高效的网络跟上它所处理的大量数据，从详细的患者信息到临床研究，再到高分辨率的 MRI 和 CT 图像。将 5G 技术引入医疗行业，将有效满足如远程医疗过程中低时延、高清画质、高可靠、高稳定等要求，推动远程医疗应用快速普及，实现对患者（特别是边远地区患者）远距离诊断、治疗和咨询。例如，5G 可以使远程监控设备（如可穿戴技术）在将患者健康数据实时发送给医生的同时，拥有更长的电池寿命；远程机器人手术也可以利用 5G 低时延和高吞吐量通信的特点，通过 5G 传输高清图像流，促进远程手术的精准实现。中国信息通信研究院发布的《5G 经济社会影响白皮书》中预计，到 2030 年，我国远程医疗行业中 5G 相关投入（通信设备和通信服务）将达 640 亿元。

5G 也将在多个层面上颠覆媒体和娱乐，包括移动媒体、移动广告、家庭宽带和电视。由于 5G 的低时延，流式视频不太可能停止或卡顿。在 5G 网络上，电影下载的时间将从平均 7 分钟减少到仅 6 秒。在浏览社交媒体、游戏、流媒体音乐以及下载电影和节目时，5G 将平均每月为人们节省 23 小时的下载时间。根据世界电信产业界富有权威性的中立咨询顾问公司 Ovum 进行的一项研究，未来 10 年，全球媒体行业将通过 5G 技术实现的新服务和应用累计获得惊人的 765 亿美元。

当然，5G 能实现的场景，催生的新模式、新思维远远不只这些。

第 **7** 章

社会需求因 5G 而彻底改变

　　5G 作为第五代移动通信技术，与前四代移动通信技术有着本质的区别。第一代是模拟技术，第二代实现了数字化语音通信，第三代是以多媒体通信为特征的 3G 技术，第四代是已经成熟的 4G 技术，其通信速率大大提高，标志着人类进入无线宽带时代。

　　但是，前四代都是单一的移动通信技术，而 5G 则是前四代技术的总和，并加入了高频通信技术，这就使得 5G 拥有更高通信峰值、更低时延、更大传输量和更低功耗。所以，5G 的商用将推动通信行业价值链的升级换代，带动经济社会的繁荣发展（见图 7-1）。

　　4G 助力了移动互联网的兴起。5G 作为新的基础网络设施，不单为人服务，还为物服务，为社会服务。从金融服务到医疗再到零售，5G 的连接能力将推动万物智能互联。无论是家居生活、农林养殖、建筑业、医疗、教育，还是工厂以及救灾抢险，5G 将从轻松感、存在感、灵敏度、智能度四个方面给人们带来巨大的改变（见图 7-2）。

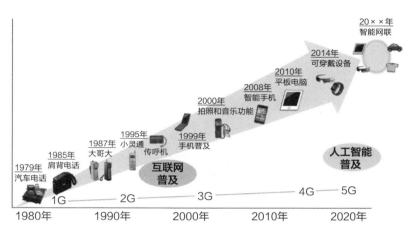

图 7-1　通信行业的发展历程

图 7-2　5G 将从四个方面赋予人们巨大的改变

　　在 5G 的高速推动下，超清视频将会得到快速发展，这也是目前各大电信运营商聚焦的热点之一。目前，整个互联网的流量大多属于视频流量，超清视频的应用将会给电信运营商带来巨额收入。5G 在带来更好的数据应用体验的同时，也会促进交互方式的再次升级。在信息娱乐方面，5G 将推动视频、游戏等应用向超高清、3D 和沉浸式体验方向发展，成为 8K 超高清视频等新应用不可或缺的网络支撑；在学习方面，人们将能够通过 VR、AR 技术进入虚拟教室，通过头戴式设备沉浸式参与自己喜欢的课程，并与课堂上的老师和同学进行全景式交流。可以预见，5G 时代到来后，将会驱动 AR、VR 技术成为主流科技。以往，因缺乏高速度网络技术的支撑，AR/VR 技术有严重的延迟情况，并给体验用户带来了眩晕等不适的体验。但在 5G 解决了速率和时延的问题后，AR/VR 将会突破瓶颈，取得质的飞跃，并有着广阔的市场前景。

5G 没有了延迟与速度的限制，为车联网无人驾驶解决了尤为核心的移动通信技术问题。相信在不久的将来，无人驾驶将会更普及，车联网行业将会呈现出井喷式的发展。

车联网是 5G、物联网技术对交通行业的颠覆性改变，通过整合人、车、路、周围环境等相关信息，为人们提供一体化服务。5G 的低时延、高可靠、高速率、安全性等优势，将有效提升对车联网信息及时准确采集、处理、传播、利用，有助于车与车、车与人、车与路的信息互通与高效协同，有助于消除车联网安全风险，推动车联网产业快速发展。例如，V2V 通信必须实时进行，因为毫秒内可能会导致近距离呼叫和致命碰撞。实现这种高速互联需要车辆之间传输大量数据而没有任何滞后。5G 网络可以通过其可靠性和低时延实现这一目标，还可以在车辆与基础设施（V2I）通信中发挥关键作用。V2I 通信可以将车辆与交通信号灯、公交车站，甚至公路本身等基础设施连接起来，改善交通流量，减少外部危险因素，提升车辆反应速度，提高公共交通效率。

2016 年 4 月，日本政府发布了《第五期科学技术基本计划（2016—2020）》，提出日本不但需要具备战略上抢先行动（前瞻性和战略性）、切实应对各种变化（多样性和灵活性）的能力，而且要在国际化、开放的创新体系中展开竞争与协调，构建最大限度发挥各创新主体能力的体制框架，以制造业为核心，灵活利用 5G、大数据、物联网等信息通信技术，在世界率先构建能够实现经济发展与社会问题同步解决的新型社会经济形态——"超智能社会"（见图 7–3）。

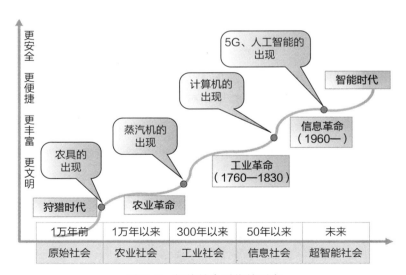

图 7–3 智能社会时代的到来

　　新型基础设施的智能化是建设智能社会的重要基础。随着"宽带中国"建设的推进，城乡一体的宽带网络将不断完善，下一代互联网和广播电视网将不断发展，信息网络加速向宽带、移动、融合方向发展，固定通信移动化和移动通信宽带化成为趋势，5G（第五代移动通信网络）、NB—IoT（窄带物联网）等下一代网络技术不断演进，高速宽带无线通信实现全覆盖，千兆入户、万兆入企，社会公共热点区域实现无线局域网全覆盖。信息网络逐步向人与物共享、无处不在的泛在网方向演进，信息网络智能化、泛在化和服务化的特征愈加明显。网络的无处不在催生了计算的无处不在、软件的无处不在、数据的无处不在、连接的无处不在，从而为智能社会打下坚实的基础。智慧交通能够实现交通引导、指挥控制、调度管理和应急处理的智能化，有效提升交通出行的高效性和便捷程度。智慧交通的深入发展将解决交通拥堵这一城市病，宽带网络支持下的汽车自动驾驶、无人驾驶将逐步推广使用，汽车被纳入互联网、车联网，智能汽车将成为仅次于智能手机的第二大移动智能终端。智能电网支持分布式能源接入，居民和企业用电实现个性化的智能管理。智慧水务覆盖供水全过程，运用水务大数据能够保障供水质量，实现供排水和污水处理的智能化。智能管网能够实现城市地下空间、地下管网的信息化管理、可视化运行。智能建筑广泛普及，城市公用设施、建筑等的智能化改造全面实现，建筑数据库等信息系统和服务平台不断完善，实现建筑的设备、节能、安全等智慧化管控。智慧物流通过建设物流信息平台和仓储式物流平台枢纽，实现港口、航运、陆运等物流信息的开放共享和社会化应用。

"超智能社会"被认为是人类社会从原始社会、农业社会、工业社会到信息社会，将迈入第五阶段的社会 5.0 阶段，其主要特征是，由通信技术和物联技术构成的智能系统为人类的生活提供支援。在"超智能社会"中，网络空间与物理空间高度融合，5G、物联网、大数据、人工智能、机器人和共享经济等高新技术将进入社会生活的各个领域，为了技术开发而收集的庞大数据服务于生活，在必要的时间为必要的人提供必要的物品、服务，精准地应对社会中的各种需求，超越年龄、性别、地域、语言等差异，为所有人提供高质量服务，让包括老年人、残疾人等在内的社会弱势群体都能舒适便捷地生活，从而应对各种社会问题。

当前，我国正处于全面建成小康社会的决胜阶段，人口老龄化、资源环境约束等挑战依然严峻。基于此，"智能社会"也被正式写进十九大报告当中，与科技强国、质量强国、航天强国、网络强国、交通强国、数字中国并列。智能社会是在网络强国、数字中国发展的基础上的跃升，是对我国信息社会发展前景的前瞻性概括。建设智能社会要充分运用 5G、物联网、互联网、云计算、大数据、人工智能等新一代信息技术，以网络化、平台化、远程化等信息化方式提高全社会基本公共服务的覆盖面和均等化水平，构建立体化、全方位、广覆盖的社会信息服务体系，推动经济社会高质量发展，建设美好社会。

　　智能社会建设的出发点和落脚点都是满足民众的需要，提升民众的体验。充分利用 5G、云计算、大数据、人工智能等新一代信息技术，建立跨部门跨地区业务协同、共建共享的公共服务信息体系，有利于创新发展教育、就业、社保、养老、医疗和文化的服务模式。在智能社会中，智慧医院、远程医疗深入发展，电子病历和健康档案普及应用，医疗大数据不断汇聚并被深度利用，优质医疗资源自由流动，预约诊疗、诊间结算大幅减少人们看病挂号、缴费的等待时间，看病难、看病贵等问题将得到有效缓解。具有随时看护、远程关爱等功能的智慧养老信息化服务体系为"银发族"的晚年生活提供温馨保障。公共就业信息服务平台实现了就业信息全国联网，就业大数据为人们找到更好、更适合自己的工作提供全方位的支撑和帮助。围绕促进教育公平、提高教育质量和满足人们终生学习需求的智能教育和智能学习持续发展，教育信息化基础设施不断完善，充分利用信息化手段扩大优质教育资源覆盖面，有效推进优质教育资源共享。

　　智能社会将是人类社会发展历程中一次全方位、系统性的变革，其发生规模、影响范围和复杂程度远超以往，将彻底改变人们的生产生活方式，重构个人、企业、政府、社会之间的互动关系，变革社会治理模式，给人类社会的发展走向带来持续且深远的影响。

第 8 章

人工智能简史

人工智能是一门研究、开发用于模拟、延伸和扩展人类智能的理论、方法、技术及应用系统的新的技术科学。自 20 世纪 50 年代以来，人工智能开始走入大众的视野，学界和业界对人工智能的理解也众说纷纭，科技和商业的多元化发展导致对人工智能的定义、发展动力以及表现形式的理解各异。麻省理工学院的帕特里克·亨利·温斯顿（Patrick Henry Winston）教授认为："人工智能就是研究如何使计算机去做过去只有人才能做的智能工作。"概括地说，人工智能是研究人类智能活动的规律，并将这些"规律"数字化，构建成一套系统，然后研究如何让计算机去完成以往需要人的智力才能从事的工作，也就是研究如何应用计算机的软硬件来模拟人类行为的基本理论、方法和技术。

人工智能是开启未来智能世界的密钥，是未来科技发展的战略制高点。掌握人工智能才能成为未来核心技术的掌控者。近几年来，全球信息技术巨头企业纷纷聚焦人工智能领域，争相投资人工智能新兴产业。谷歌、微软、苹果、IBM、Facebook、英特尔等公司相继投入巨资展开研发与竞争。谷歌把人工智能作为未来重大战略，全力开发"Google 大脑"；Facebook 成立人工智能实验室；微软推出人工智能系统"adam"，直接与"Google 大脑"抗衡。各国政府和组织都把人工智能当作未来的战略主导，出台战略发展规划，如欧盟"人脑工程项目"、美国"大脑研究计划"等。

种种迹象表明，无论是政府机构还是企业，都在迎接即将到来的人工智能时代。

从 1956 年人工智能概念提出以来，人工智能经历了三个发展高潮（见图 8-1）。

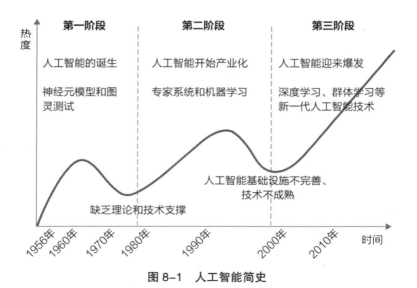

图 8-1　人工智能简史

"人工智能"一词最早是在 1956 年达特茅斯会议上被提出的。

该会议确定了人工智能的目标是"实现能够像人类一样利用知识去解决问题的机器"。由此，也引发了人工智能的第一次高潮。第一阶段的人工智能以神经元模型和图灵测试为代表，在算法方面，主要致力于研究模拟人的神经元反应过程，从训练样本中自动学习，完成分类任务。但当时，人工智能技术在本质上只能处理线性分类问题，就连最简单的异或题都无法正确分类。许多应用难题并没有随着时间推移而被解决，由于缺乏理论和技术支撑，神经网络的研究也因此陷入停滞，以至于在 20 世纪 80 年代跌入低谷。

人工智能的第二次高潮始于 20 世纪 90 年代。机器学习成了人工智能发展的新阶段，针对特定领域的专家系统也在商业上获得成功应用，人工智能迎来了又一轮高潮。20 多年前，IBM 的超级计算机"深蓝"创造了一项里程碑：1997 年 5 月 11 日，"深蓝"战胜了当时国际象棋世界冠军卡斯帕罗夫，证明了人工智能已经实现了计算智能，而且在某些情况下有不弱于人脑的表现。然而，好景不长，由于人工智能基础设施不够完善、技术不够成熟、应用领域狭窄、知识获取困难等问题，在 2000 年左右，人工智能进入第二次低谷。

人工智能的第三次高潮始于 21 世纪头 10 年。2016 年对于人工智能来说是一个"里程碑"式的年份。年初，AlphaGo 大胜围棋九段李世石，让近 10 年来再一次兴起的人工智能技术走向台前，进入公众的视野。随着大数据时代的到来，人工智能有了源源不断的"数据粮食"供给，深度学习等高级机器学习算法的出现引起了广泛的关注，网络的深层结构也能够自动提取并表征复杂的特征，避免传统方法中通过人工提取特征的问题。同时，深度学习被应用到语音识别以及图像识别中，取得了非常好的效果。这方面最具代表性的研究项目就是无人驾驶汽车，谷歌和百度公司都希望在这个领域实现突破。无人驾驶汽车利用各种物联网传感器对周围的环境进行处理、自动控制就可以实现自动驾驶。

人工智能的驱动因素主要是算法／技术驱动、数据／计算、场景和颠覆性商业模式。随着算法的升级，例如，2015 年 11 月，谷歌公司宣布其开源深度学习框架 TensorFlow 具备深度学习基本算法，可满足图形分类、音频处理、推荐系统和自然语言处理等基本功能，成为 GitHub 最受欢迎的机器学习开源项目，目前吸引到了 ARM、京东等大批合作伙伴。同时，随着边缘计算的算力提升、物联网传感器可采集大数据的爆炸式增长和应用场景的落地，能够实现机器视觉（看）、语音语义识别（听、说）等感知智能。可以预测，未来几年新一代人工智能将呈现指数级的爆发式增长（见图 8-2）。

纵观世界科技发展史，许多技术在第一阶段发展缓慢，长时间感受不到升级，甚至通常会与直线型增长预期有偏差。直到第二阶段，突然在某个时间点上出现快速发展，一下子追上直线型增长水平。而处于万事俱备之际的第三阶段将会迅猛发展，无限接近垂直型增长——眼前的新一代人工智能就是如此。

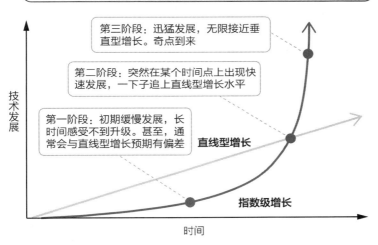

1997 年，IBM 的超级电脑"深蓝"击败国际象棋世界冠军卡斯帕罗夫；
2015 年，AlphaGo 以 5∶0 战胜欧洲围棋冠军樊麾；
2016 年 3 月，AlphaGo 战胜围棋世界冠军李世石。

技术发展

第三阶段：迅猛发展，无限接近垂直型增长。奇点到来

第二阶段：突然在某个时间点上出现快速发展，一下子追上直线型增长水平

第一阶段：初期缓慢发展，长时间感受不到升级。甚至，通常会与直线型增长预期有偏差

直线型增长

指数级增长

时间

图 8-2　人工智能将迎来指数级的增长

这一次人工智能的兴起，不仅仅是在实验室研究中。理论和关键共性技术的研究与商业化同时推进，涌现出更多的产品化解决方案和服务化落地应用案例，让公众真实感受到了人工智能的存在。尤其是在影像解析、语音识别、卫星导航和自然语言处理等基于深度学习算法应用的领域正在迅速产业化，产业竞争的赛道也随之开启。

第 9 章

AI 是经济社会"新引擎"

人工智能之所以在当今时代迎来成熟，主要有三方面原因：新一代信息技术的快速发展、社会新需求的爆发，以及基础目标的变迁（见图 9–1）。

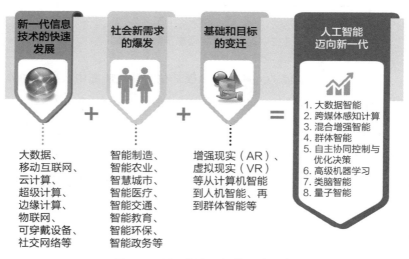

图 9-1　新一代人工智能驱动因素

从新一代信息技术来看，5G、大数据、移动计算、超级计算、可穿戴设备、物联网、云计算、社交网络、物联网、搜索引擎等驱动人工智能升级。《新一代人工智能发展规划》中明确要求，加快推动以信息传输为核心的数字化、网络化信息基础设施，向集融合感知、传输、存储、计算、处理于一体的智能化信息基础设施转变。优化升级网络基础设施，研发布局第五代移动通信（5G）系统，完善物联网基础设施，加快天地一体化信息网络建设，提高低时延、高通量的传输能力。统筹利用大数据基础设施，强化数据安全与隐私保护，为人工智能研发和广泛应用提供海量数据支撑。建设高效能计算基础设施，提升超级计算中心对人工智能应用的服务支撑能力。建设分布式高效能源互联网，形成支撑多能源协调互补、及时有效接入的新型能源网络，推广智能储能设施、智能用电设施，实现能源供需信息的实时匹配和智能化响应。

我国人工智能发展环境具备较多利好因素，基础条件已经具备。政策和资金的支持、人才储备、技术的积累和突破，已为人工智能的发展提供了基础条件；当然，未来仍需要更多政策支持、技术突破促进人工智能的发展和成熟（见图 9–2）。

P：政策——从中央到地方的政策支持

进入国家战略层面。在科技部出台的《新一代人工智能发展规划》中，人工智能被推到国家战略层面；工业和信息化部也出台《促进新一代人工智能产业发展三年行动计划（2018—2020）》。地方政府也纷纷跟进，例如，2017 年 12 月，北京市印发《北京市加快科技创新培育人工智能产业的指导意见》并指出，到 2020 年，

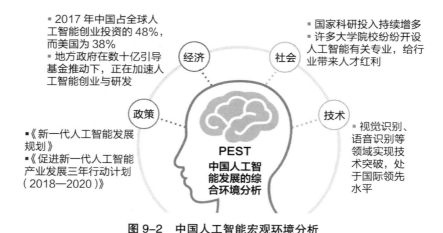

▪ 2017 年中国占全球人工智能创业投资的 48%，而美国为 38%
▪ 地方政府在数十亿引导基金推动下，正在加速人工智能创业与研发

经济　社会

政策　技术

PEST
中国人工智能发展的综合环境分析

▪ 国家科研投入持续增多
▪ 许多大学院校纷纷开设人工智能有关专业，给行业带来人才红利

▪《新一代人工智能发展规划》
▪《促进新一代人工智能产业发展三年行动计划（2018—2020）》

▪ 视觉识别、语音识别等领域实现技术突破，处于国际领先水平

图 9-2　中国人工智能宏观环境分析

北京新一代人工智能总体技术和应用将达到世界先进水平，部分关键技术达到世界领先水平，形成若干重大原创基础理论和前沿技术标志性成果。2017 年 11 月，上海市印发《关于本市推动新一代人工智能发展的实施意见》并指出，到 2020 年实现人工智能重点产业规模超过 1000 亿元，其中，智能驾驶产业规模达 300 亿元；智能机器人规模达 200 亿元；智能硬件产业规模达 200 亿元；智能软件产业规模达 200 亿元；智能核心芯片产业规模达 200 亿元，应用于工业和消费电子的高端智能传感器实现产业化突破，填补国内空白。到 2030 年，人工智能总体发展水平进入国际先进行列，初步建成具有全球影响力的人工智能发展高地。2017 年 12 月，浙江省政府发布《浙江省新一代人工智能发展规划》并指出，到 2022 年建设成全国人工智能发展的引领区，形成人工智能核心产业规模 500 亿元以上，带动相关产业规模 5000 亿元以上。2018 年 5 月，

江苏省印发《江苏省新一代人工智能产业发展实施意见》并指出，要大力发展人工智能平台，加快发展人工智能软件产业，加快发展人工智能硬件产业，加快发展人工智能服务型企业……

E：经济——智能经济成为投资热点

2017 年，我国人工智能创业投资占全球的 48%，而美国为 38%。我国各级政府在数十亿引导基金和风险投资的推动下，正在推动人工智能创业与研究。

S：社会——国家投入，人才红利

国家科研投入持续增多。其中，新一代人工智能是国家重点投入的领域；我国人工智能以及计算机专业大学毕业生众多，许多大学院校纷纷开设人工智能有关专业，给行业带来人才红利。

T：技术——借鉴国外技术，取得一定突破

人工智能不是单一的技术，而是一系列技术，涉及计算机视觉、自然语言、虚拟助理、机器人过程自动化和高级机器学习以及视觉识别、语音识别。我国在这些技术领域处于国际领先水平。

人工智能在促进经济社会发展方面具有巨大潜力。为此，《新一代人工智能发展规划》明确将发展智能经济作为主要任务之一，要求加快培育具有重大引领带动作用的人工智能产业，促进人工智能与各产业领域深度融合，形成数据驱动、人机协同、跨界融合、共创分享的智能经济形态。数据和知识成为经济增长的第一要素，人机协同成为主流生产和服务方式，跨界融合成为重要经济模式，共创分享成为经济生态的基本特征，个性化需求与定制成为消费新潮流，生产率大幅提升，引领产业向价值链高端迈进，有力支撑实体

经济发展，全面提升经济发展的质量和效益。

同时，《新一代人工智能发展规划》也指出，要结合新一代人工智能技术建设智能社会。具体而言，围绕提高人民生活水平和质量的目标，加快人工智能深度应用，形成无时不有、无处不在的智能化环境，以使全社会的智能化水平大幅提升。越来越多的简单性、重复性、危险性任务由人工智能完成，个体创造力得到极大发挥，形成更多高质量和高舒适度的就业岗位；精准化智能服务更加丰富多样，人们能够最大限度享受高质量服务和便捷生活；社会治理智能化水平大幅提升，社会运行更加安全高效。

伴随着新一代人工智能技术的发展，真实的应用场景不断涌现。在智能制造、智能农业、智能物流、智能金融、智能商务、智能家居、智能教育、智能医疗、智能健康与养老、智能政务、智慧法庭、智慧城市、智能交通、智能环保等领域，新一代人工智能与经济社会模型紧密结合，开始发挥出其真正的价值，使得发展智能经济、建设智能社会成为可能（见图 9-3）。

2019 年 3 月 5 日上午，国务院总理李克强做政府工作报告时称，要打造工业互联网平台，拓展"智能+"，为制造业转型升级赋能。同时，政府工作报告中还说，要促进新兴产业加快发展，深化大数据、人工智能等研发应用，培育新一代信息技术、高端装备、生物医药、新能源汽车、新材料等新兴产业集群，壮大数字经济。

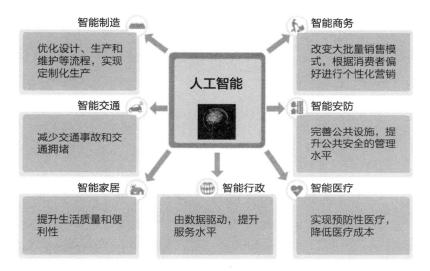

图 9-3　人工智能将融入各行各业

　　这是继"互联网 +"被写入政府工作报告之后,"智能 +"第一次出现在总理的政府工作报告中。政府工作报告将人工智能升级为"智能 +",作为国家战略的人工智能正在作为基础设施,逐渐与产业融合,加速经济结构优化升级,对人们的生产和生活方式产生深远的影响。

第 10 章

经济发展因 AI 而全面升级

人工智能不是一种单纯的生产力增强工具，而是一种全新的生产要素，它将从根本上转变经济增长方式。AI 的研究已从过去的学术牵引迅速转化为需求牵引。智能城市、智能医疗、智能交通、智能物流、智能机器人、无人驾驶、智能手机、智能游戏、智能制造、智能社会、智能经济……都迫切需要 AI 的发展。这也是很多企业、城市纷纷布局，主动进行 AI 研发的原因。

《美国增长的起落》的作者、美国经济学家罗伯特·戈登（Robert Gordon）通过分析 1870 年至 2015 年美国经济的数据发现，在 1870 年至 1970 年的一百年里，内燃机、电力、电灯、室内管道、汽车、电话、飞机、空调、电视等一系列伟大发明和后续的增量式创新显著地推动了美国经济的高速增长。然而，1970 年之后的经济增长，既让人眼花缭乱，又令人无比失望。因为，1970 年之后人类的主要创新基本都集中在计算机和智能手机上，像过去那样"伟大发明"层出不穷的局面很难再现了。在戈登看来，计算机革命其实是被高估了。用诺贝尔经济学奖得主索洛提出的衡量创新和技术进步的标准"全要素生产率"来衡量的话，1970 年之后的全要素生产率的增速几乎只有 1920—1970 年相应增速的 1/3。因此索洛曾经说过一句话："我们随处可见计算机时代，但就是在生产率的统计数据中看不到。"以至于罗伯特·戈登悲观的预计未来 25 年的生产率增长都将延续 2004 年以来的迟滞步伐。

传统上，资本和劳动力是推动经济增长的"生产要素"。当资本或劳动力总量增加，或是当它们被更有效利用时，经济便会出现增长。但现在，经济领域创新和技术变革所带动的增长也已体现在了全要素生产率（TFP）当中。经济学家一直认为，新技术通过提高全要素生产率促进增长，迄今为止看到的各项技术都发挥了这样的作用。20 世纪出现的一系列重大技术突破——电力、铁路和信息技术，虽然显著提高了生产率，但未能创造全新的劳动力。

而今天，我们正目睹另一类变革性技术的崛起——人工智能。麻省理工学院经济学教授大卫·奥托（David Autor）认为："通常人们都认为，人工智能通过替代人类来促进增长；但实际上，其巨大的价值将来自所支持的新型产品、服务及创新。"随着人工智能成为新的生产要素，它也将在以下几个方面促进增长。

第一，人工智能可以创造一种新的虚拟劳动力，即"智能自动化"。在人工智能的助推下，新的智能自动化浪潮正通过一系列有别于传统自动化解决方案，创造着显著增长。它们能够自动执行实体环境中需要适应性和敏捷性的复杂任务，例如在仓库中拣选物品。

Fetch Robotics 公司研发的机器人利用激光和 3D 距离感应器，安全地在仓库中穿梭，与工人并肩协作。通过与人配合，机器人可以搬运典型仓库中的绝大多数物品。

第二，人工智能可以补充和提高现有劳动力和实物资本的技能与能力。对经济增长而言，人工智能的显著作用并非体现为取代现有劳动力和资本，而是使其得到更有效的利用。另外，人工智能还可以通过补充人类能力、为员工提供增强其自然智力的新工具，从而扩充劳动力资源。补充和增强传统生产要素的作用恰是人工智能真正的潜能所在，例如，酒店员工需花费大量时间例行配送客房用品。Savioke 公司开发的一款服务行业自动化的机器人 Relay，在 2016 年完成了超过 11 000 次客房用品递送服务。Savioke 公司 CEO 史蒂夫·库辛（Steve Cousins）表示："Relay 的加盟使员工能够更专注于最能发挥增值作用的工作，用更多时间来提高客户满意度。"

第三，人工智能可以推动经济创新。借助人工智能，各经济体不但可以改变生产方式，更能收获全新的成果。例如，无人驾驶汽车为了感知周围环境并采取相应行动，需要依靠激光雷达、全球定位系统、微波雷达、摄像机、计算机视觉和机器学习算法等诸多技术的组合。因此，该市场不仅吸引了硅谷的技术企业，就连传统机构也在通过组建新的合作伙伴关系推动创新。例如，宝马汽车正在与中国互联网搜索巨头百度合作；福特汽车则同麻省理工学院和斯坦福大学结为联盟。随着创新触发链式反应，无人驾驶汽车对经济的潜在影响最终将远远超出汽车行业。

全球最大的上市咨询公司埃森哲（Accenture）通过分析 12 个发达经济体发现，到 2035 年，人工智能有潜力将这些国家的经济年增长率提升一倍，显著扭转近年来的下滑趋势。从绝对值看，人工智能对美国经济的贡献最大，其增长率将由目前的 2.6% 攀升至 2035年的 4.6%，而这也意味着，2035 年将额外实现 8.3 万亿美元的总增加值——相当于当前日本、德国和瑞典的经济总增加值之和。对于英国而言，人工智能将额外为其带来 8140 亿美元的经济总增加值，经济增速将从 2.5% 上升到 3.9%；对日本而言，人工智能将为其带来 2.1 万亿美元的经济总增加值，经济增速将从 0.8% 快速跃升至2.7%；对德国而言，到 2035 年，人工智能可以为其额外贡献 1.1 万亿美元的经济总增加值。对于这些国家而言，人工智能有潜力将其2035 年的劳动生产率最高提升 40%。

作为新一轮产业变革的核心驱动力，人工智能将进一步释放历次科技革命和产业变革积蓄的巨大能量，并创造新的强大引擎，重构生产、分配、交换、消费等经济活动的各环节，形成从宏观到微观各领域的智能化新需求，催生新技术、新产品、新产业、新业态、新模式，引发经济结构的重大变革，深刻改变人类生产生活方式和思维模式，实现社会生产力的整体跃升。我国经济发展进入新常态，深化供给侧结构性改革任务非常艰巨，必须加快人工智能的深度应用，培育壮大人工智能产业，为我国经济发展注入新动能。

　　除了提升生产力以外，人工智能的崛起还非常有可能会创造出新的产品和服务，进而催生出新的职业和商业模式。仅在几十年前，没人可以想象，现在竟然有大量的工作与互联网经济有关，人工智能也有类似的变革效应。

第 11 章

5G+AI 给企业带来新业务机遇

5G 作为移动通信行业的下一个热点，其对于通信行业乃至整个社会经济的带动作用非常显著。在其低时延、高带宽、高速率三大特性的推动下，将会为万物互联的发展装上高速助推器，工业互联网将会得到突飞猛进的发展，无线高速传输将会给企业带来无限的商机。与此同时，5G 技术将使移动网络技术超越消费和企业级服务，拓展至各个行业应用领域，从而让人们以一种前所未有的方式同全世界进行商务互动。

无人驾驶

2016 年 3 月，中国汽车工业协会发布了《"十三五"汽车工业发展规划意见》，对"十三五"期间的中国汽车工业提出了八个方面的发展目标，其中之一就是"积极发展智能网联汽车"。

所谓智能网联汽车，业界的定义是：搭载先进车载传感器等装置，融合现代通信与网络技术，实现车与人、车、路、后台等之间的智能信息交换共享，具备复杂的环境感知、智能决策、协同控制和执行等功能的新一代汽车。

汽车工业"十三五"规划意见也对智能网联汽车发展设定了目标：积极发展智能网联汽车，具有驾驶辅助功能（1 级自动化）的智能网联汽车当年新车渗透率达到 50%，有条件自动化（2 级自动化）的智能网联汽车当年新车渗透率达到 10%，为智能网联汽车的全面推广奠定基础。

我们普遍认为，汽车技术发展的两个方向是智能化和网联化，两者相结合称为智能网联汽车，也就是把网联汽车和自动驾驶结合起来，而智能汽车自动驾驶实现真正的产业化将是一次汽车技术革命。发展智能网联汽车不仅符合世界汽车工业发展的大趋势，更是我国汽车工业向产业链的中高端转移的有力抓手。

无人驾驶技术已经被充分证实，其在操作时效性、精确性和安全性等方面相比人类驾驶具有无比的优越性，而且永远不会出现人为操作失误的情况。所以，人们完全有信心认为：无人驾驶汽车每年能大幅减少全球交通事故人员伤亡和节省巨额的相关费用。正如谷歌公司无人驾驶汽车首席开发人员塞巴斯蒂安·斯伦（Sebastian Thrun）所描述的："谷歌无人驾驶汽车能使交通事故减少 90%，能将通勤所耗时间以及能源消耗减少 90%，能使汽车数量减少 90%。"

此外，无人驾驶汽车还会通过缓解拥堵、提高车速、缩小车距以及选择更有效路线来减少通勤所耗时间和能源。按照美国得克萨斯州交通研究所对美国道路交通的研究成果进行类比估算，我国汽车驾驶人每年因交通拥堵浪费的时间达 12 亿小时，浪费的汽油超过 20 亿升。

欧美从 20 世纪 80 年代初开始研发自动驾驶技术。其中，美国国防部先进研究项目局（DARPA）大规模资助了自动驾驶陆地车辆的军事化应用研发。1996 年，意大利帕尔马大学视觉实验室 Vislab 创立 ARGO 项目，利用计算机视觉完成车道标线识别，控制车辆行驶；2004 年 DARPA 挑战赛开始举办，为自动驾驶的技术交流和合作开辟了空间，激发了相关从业者的研发热情。由于深度学习算法的引入，自动驾驶技术有了爆炸性的突破。2009 年，谷歌公司布局自动驾驶，引发了新一轮的产业热潮，许多科技企业随之加入市场竞争中。2016 年，英特尔成立自动驾驶事业部，通用汽车并购初创公司 Cruise Automation，英伟达推出了自动驾驶计算平台 DrivePX2……2017 年，奥迪公司发布新款奥迪 A8，成为第一辆搭载 L3 级别自动驾驶技术的量产车辆。2020 年成为主要汽车厂商和科技企业承诺推出完全自动驾驶车辆的时间节点（见图 11–1）。

根据美国高速路安全管理局（NTHSA）的定义，汽车自动驾驶可分为四个阶段。目前高级别自动驾驶车辆尚处于研究实验阶段，未进行产业化。近两年，各大企业相继公布了实现自动驾驶汽车量产的时间表，大都集中在 2020—2025 年。第二级别的自动驾驶车辆，即高级辅助驾驶（ADAS）车辆已实现量产化。2017 年全球 ADAS 市场规模在 300 亿美元左右，并呈现稳定增长的趋势。随着汽车智

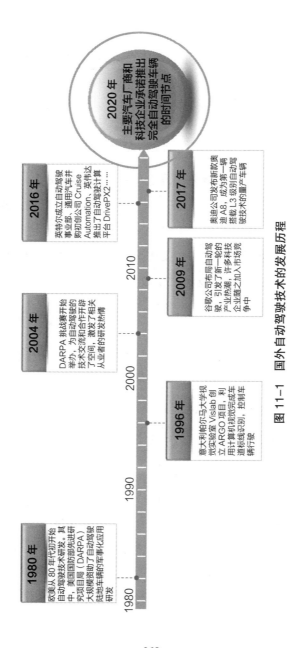

2020 年 主要汽车厂商和科技企业承诺推出完全自动驾驶车辆的时间节点

2016 年
英特尔成立自动驾驶事业部，通用汽车并购初创公司 Cruise Automation。英伟达推出了自动驾驶计算平台 DrivePX2……

2017 年
奥迪公司发布新款奥迪 A8，成为第一辆搭载 L3 级别自动驾驶技术的量产车辆

2004 年
DARPA 挑战赛开始举办，为自动驾驶的技术交流和合作开辟了空间，激发了相关从业者的研发热情

2009 年
谷歌公司布局自动驾驶，引发了新一轮的产业热潮，许多科技企业随之加入市场竞争中

1996 年
意大利帕尔马大学视觉实验室 Vislab 创立 ARGO 项目，利用计算机视觉完成车道标线识别，控制车辆行驶

1980 年
欧美从 80 年代初开始自动驾驶技术研发。其中，美国国防部先进研究项目局（DARPA）大规模资助了自动驾驶陆地车辆的军事化应用研发

图 11-1 国外自动驾驶技术的发展历程

068

能化趋势加速和安全需求的提升，未来全球 ADAS 市场渗透率将大幅提高。到 2020 年，全球 ADAS 渗透率有望达到 25%，全球新车 ADAS 搭载率有望达到 50%。

自动驾驶可分为"渐进性"和"革命性"两大技术路线。当前自动驾驶领域根据入局企业所采用的技术可大致分为两大路线。一条是福特、宝马、奥迪等传统车企所采用的"渐进性"路线，即在汽车上逐步增加一些自动驾驶功能，依托摄像头、导航地图以及各种传感器，为驾驶员提供自动紧急制动、全景泊车、自适应巡航等辅助驾驶功能。

另一条是谷歌、百度等互联网科技巨头所采用的"革命性"路线，通过使用激光雷达、高清地图和人工智能技术直接实现无人驾驶目的，强调产品的创新和便捷性。谷歌公司早于 2009 年就开始布局自动驾驶，成为第一个拿到美国政府路测牌照的企业，其自动驾驶车辆 Waymo 已完成 800 万公里的自动驾驶路测里程，技术水平在世界保持领先态势。特斯拉于 2015 年推出第一代 Autopilot 汽车，成为全球第一辆量产自动驾驶车辆。

20 世纪 90 年代起，我国各高校和研究机构也已经陆续开展自动驾驶的研发工作，推出多个测试车型（见图 11-2）。

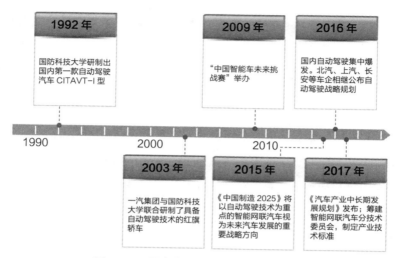

图 11-2 国内自动驾驶技术的发展历程

1992 年，国防科技大学研制出国内第一款自动驾驶汽车 CITAVT-I 型；2003 年，一汽集团与国防科技大学联合研制了具备自动驾驶技术的红旗轿车；2009 年，国家自然科学基金委员会启动"视听觉信息的认知计算"重大研究计划后，开始每年举办"中国智能车未来挑战赛"，成为国内智能车发展里程碑；2015 年，国务院印发《中国制造 2025》，以自动驾驶技术为重点的智能网联汽车成为未来汽车发展的重要战略方向；2016 年，国内自动驾驶集中爆发，北汽、上汽、长安等车企相继公布自动驾驶战略规划；2017 年，国务院发布《汽车产业中长期发展规划》，宣告筹建智能网联汽车分技术委员会，制定产业技术标准。

百度公司于 2013 年开始开展无人驾驶车项目，其无人驾驶汽车目前已取得了国内首批自动驾驶牌照，2018 年百度 Apollo 和金龙客车合作生产的全球首款 L4 级无人驾驶大巴车"阿波龙"已经正式量产下线。

从宏观环境的角度来看，政策、经济、社会、技术各个方面都在影响国内自动驾驶产业的发展（见图 11–3）。

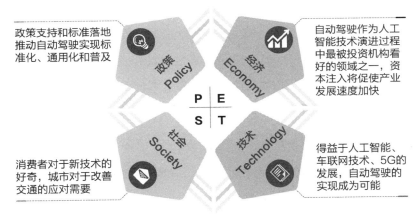

图 11–3　我国自动驾驶技术的综合环境分析

技术方面，利用人工智能技术实现自动驾驶的一种路径是简化流程的端到端（end-to-end）深度学习方案。端到端深度学习方案通过接受传感器的输入数据，直接决定车的行为，简化了系统流程，降低了车载计算的需求。

在自动驾驶技术来临之前，车用传感器，即用于汽车电子技术、作为车载电脑（ECU）的输入装置，能够将发动机、底盘、车身各个部分的运作工况信息，以信号方式传输给车载电脑，从而使汽车运行达到最佳状态。

ADAS 的广泛应用，使摄像头等用于环境感知的传感器进入公众视野，作为辅助，这些传感器将汽车周边的环境信息输入相应的系统模块中进行判断，提前给予驾驶员预警或提供紧急防护，但不同系统的传感器间关系孤立，数据单独处理，信息尚未形成融合。

在自动驾驶汽车中，定位、雷达、视觉等传感器协作融合，能够以图像、点云等形式输入收集到的环境数据，并通过算法的提取、处理和融合，进一步形成完整的汽车周边驾驶态势图，为驾驶行为决策提供依据。

按照工业和信息化部定义，车联网，通俗而言，就是指车与一切互联（V2X），包括其他车辆、行人、道路设施等，使汽车拥有更大范围的感知能力，发现潜在风险，优化路径规划。车与云平台互联还能及时更新车内系统，为消费者提供信息娱乐服务。车联网的成熟，理论上将降低对传感器和算法的性能需求，也便于生活服务供应商进入汽车行业，丰富商业场景。

车联网使自动驾驶汽车拥有更广范围的感知预判能力和更优的人机交互能力，从安全出行和信息娱乐两方面覆盖消费需求（见图11-4）。

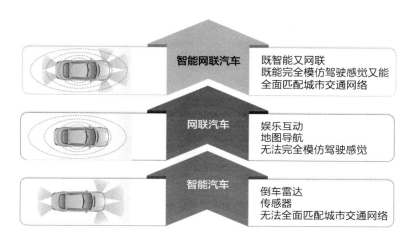

图 11-4 智能网联汽车

目前，车厂已经具备了较低等级的网联化技术，实现了汽车与后台的互联，通过 OTA（空中下载技术）升级，汽车可自动及时地更新系统和辅助信息，并将用户的操作数据上传到后台。但更高级别的网联可以协同感知、决策和控制，以实现 V2X 的信息互联，涉及基础设施改建、车载网络升级（即车载以太网代替 CAN 总线结构）和通信技术标准的出台，目前还处在研发阶段（见图 11-5）。

汽车网联化 1.0 为网联辅助信息交互，主要是基于车 – 路、车 – 后台通信，实现导航等辅助信息的获取以及车辆行驶与驾驶员操作等数据的上传。主要由人控制，具备地图、交通流量、交通标志、油耗、里程等信息功能，传输实时性、可靠性要求较低。

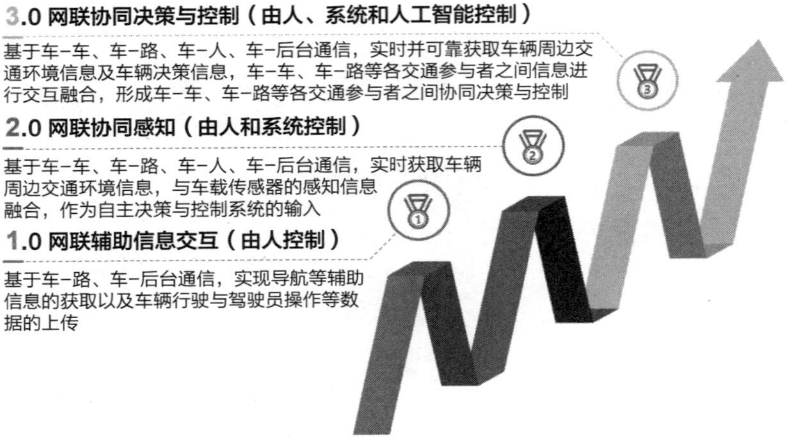

3.0 网联协同决策与控制（由人、系统和人工智能控制）

基于车–车、车–路、车–人、车–后台通信，实时并可靠获取车辆周边交通环境信息及车辆决策信息，车–车、车–路等各交通参与者之间信息进行交互融合，形成车–车、车–路等各交通参与者之间协同决策与控制

2.0 网联协同感知（由人和系统控制）

基于车–车、车–路、车–人、车–后台通信，实时获取车辆周边交通环境信息，与车载传感器的感知信息融合，作为自主决策与控制系统的输入

1.0 网联辅助信息交互（由人控制）

基于车–路、车–后台通信，实现导航等辅助信息的获取以及车辆行驶与驾驶员操作等数据的上传

图 11–5　国家对汽车网联化的等级划分界定为三个层次

　　汽车网联化 2.0 为网联协同感知，主要是基于车–车、车–路、车–人、车–后台通信，实时获取车辆周边交通环境信息，与车载传感器的感知信息融合，作为自主决策与控制系统的输入。这主要由人和系统控制，具备周边车辆/行人/非机动车位置、信号灯相位、道路预警等信息。传输实时性、可靠性要求较高。

　　汽车网联化 3.0 为网联协同决策与控制，主要是基于车–车、车–路、车–人、车–后台通信，实时并可靠获取车辆周边交通环境信息及车辆决策信息，车–车、车–路等各交通参与者之间信息进行交互融合，形成车–车、车–路等各交通参与者之间的协同决策与控制。这主要由人、系统和人工智能控制。具备车–车、车–路间的协同控制信息功能。传输实时性、可靠性要求最高。

虚拟现实与增强现实

虚拟现实与增强现实也是新一代人工智能新兴产业之一。虚拟现实（VR）的核心技术是以图像识别为代表的人工智能技术。增强现实（AR）是一种实时地计算摄影机影像的定位及角度并加上相应图像的技术。这种技术的目标是在屏幕上把虚拟世界套在现实世界之上并进行互动，典型产品如谷歌眼镜、微软 HoloLens 等。图像识别技术使得增强现实设备能够识别三维立体图像，判断其定位，从而将虚拟图像准确地投影在物体上。

利用 5G 可以实现人机交互，极大地增强用户的体验。在虚拟现实与增强现实设备上应用图像识别、语音识别、语义理解技术，可以准确地感知人的行为和发出的指令，从而马上执行指令。比如用户想查找看到的一幢建筑物的资料，通过语音命令，虚拟现实与增强现实设备很快就把关于建筑的虚拟文字资料显示在此建筑物旁边。

近些年，虚拟现实与增强现实技术得到了快速发展，在各个领域都有具体的应用。例如，在工业领域可以采用虚拟现实与增强现实技术进行设备的维修保养。工作人员佩戴智能眼镜之后，空间上会实时显示所需信息，对于工业设备的售后服务维修提供了很多方便，提升了服务质量，缩短了维修时间，降低了用户成本（见图11-6）。

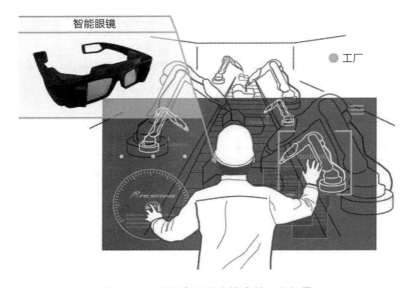

图 11-6 利用虚拟现实技术的工作场景

根据工业和信息化部的预测，到 2020 年，我国虚拟现实产业链条基本健全，在经济社会重要行业领域的应用得到深化，建设若干个产业技术创新中心，核心关键技术创新取得显著突破，打造一批可复制、可推广、成效显著的典型示范应用和行业应用解决方案，创建一批特色突出的虚拟现实产业创新基地，初步形成技术、产品、服务、应用协同推进的发展格局。

到 2025 年，我国虚拟现实产业整体实力将进入全球前列，掌握虚拟现实关键核心专利和标准，形成若干具有较强国际竞争力的虚拟现实骨干企业，创新能力显著增强，应用服务供给水平、产业综合发展实力和虚拟现实应用能力显著提升，推动经济社会各领域的发展。

　　引导和支持"VR+"发展，推动虚拟现实技术产品在制造、教育、文化、健康、商贸等行业领域的应用，创新融合发展路径，培育新模式、新业态，拓展虚拟现实的应用空间（见图 11-7）。

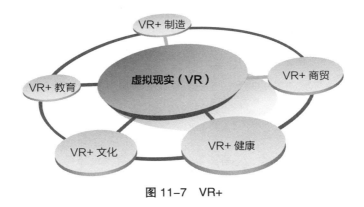

图 11-7　VR+

- **VR+ 制造**。推进虚拟现实技术在制造业研发设计、检测维护、操作培训、流程管理、营销展示等环节的应用，提升制造企业辅助设计能力和制造服务化水平。推进虚拟现实技术与制造业数据采集与分析系统的融合，实现生产现场数据的可视化管理，提高制造执行、过程控制的精确化程度，推动协同制造、远程协作等新型制造模式发展。构建工业大数据、工业互联网和虚拟现实相结合的智能服务平台，提升制造业融合创新能力。面向汽车、钢铁、高端装备制造等重点行业，推进虚拟现实技术在数字化车间和智能车间的应用。

- **VR+ 教育**。推进虚拟现实技术在高等教育、职业教育等领域和物理、化学、生物、地理等实验性、演示性课程中的应用，构建虚拟教室、虚拟实验室等教育教学环境，发展虚拟备课、虚拟授课、虚拟考试等教育教学新方法，促进以学习者为中心的个性化学习，推动教、学模式转型。打造虚拟实训基地，持续丰富培训内容，提高专业技能训练水平，满足各领域专业技术人才培训需求。促进虚拟现实教育资源开发，实现规模化示范应用，推动科普、培训、教学、科研的融合发展。

- **VR+ 文化**。在文化、旅游和文物保护等领域，丰富融合虚拟现实体验的内容供应，推动现有数字内容向虚拟现实内容的移植，满足人民群众文化消费升级需求。发展虚拟现实影视作品和直播内容，鼓励视频平台打造虚拟现实专区，提供虚拟现实视频点播、演唱会、体育赛事、新闻事件直播等服务。打造虚拟电影院、虚拟音乐厅，提供多感官体验模式，提升用户体验。建设虚拟现实主题乐园、虚拟现实行业体验馆等，创新文化传播方式。推动虚拟现实在文物古迹复原、文物和艺术品展示、雕塑和立体绘画等文化艺术领域应用，创新艺术创作和表现形式。

- **VR+ 健康**。加快虚拟现实技术在医疗教学训练与模拟演练、手术规划与导航等环节的应用，推动提高医疗服务智能化水平。推动虚拟现实技术在心理辅导、康复护理等环节的应用，探索虚拟现实技术对现有诊疗手段的补充完善，发展虚拟现实居家养老、在线诊疗、虚拟探视服务，提高远程医疗水平。

- **VR+ 商贸**。顺应电子商务、家装设计、商业展示等领域场景式购物趋势，发展和应用专业化虚拟现实展示系统，提供个性化、定制化的地产、家居、家电、室内装修和服饰等虚拟设计、体验与交易平台，发展虚拟现实购物系统，创新商业推广和购物体验模式。

智能终端

以智能手机为代表的智能终端正在快速地普及，很多人都已经开始用上了智能终端，开始享受智能化应用给其生活带来的改变。除了手机、平板电脑这些产品之外，我们看到现实生活中的很多产品都逐渐开始了智能化。智能终端以及移动互联网应用是数字经济的重要入口和网络化、智能化的实现载体，大力培育和发展智能终端等新兴产业集群，是推动我国经济新旧动能转换、实现高质量发展的必然要求。人工智能已成为国际社会竞相布局的战略性领域，是引领智能终端产业从智能时代走向智慧时代的关键技术。目前，我国智能终端产业和人工智能的结合更多体现在拍照、系统调用等功能上，尚处于初期阶段。

对于终端企业而言，在这场重大机遇面前应勇立潮头，积极布局人工智能，加强机器学习、核心算法等关键技术的研发，推动智能终端产业创新升级。2012 年因谷歌眼镜的亮相，被称作"智能可穿戴设备元年"。在智能手机的创新空间逐步收窄和市场增量接近饱和的情况下，智能可穿戴设备作为智能终端产业的下一个热点已被市场广泛认同。2013 年，各路企业纷纷进军智能可穿戴设备研发，争取在新一轮技术革命中分一杯羹。

可穿戴设备多以具备部分计算功能、可连接手机及各类终端的便携式配件形式存在，主流的产品形态包括以手腕为支撑的手表类（包括手表和腕带等产品）、以脚为支撑的鞋类（包括鞋、袜子或者未来其他的腿上佩戴产品）、以头部为支撑的眼镜类（包括眼镜、头盔、头带等），以及智能服装、书包、拐杖、配饰等各类非主流产品形态。

5G 时代的可穿戴智能设备将带来全新的科技体验。智能手表、智能眼镜、智能服装、计步器等多种产品形态的智能可穿戴设备将通过采用感知、识别、无线通信、大数据等技术实现用户互动、生活娱乐、医疗健康等功能，为佩戴者提供一个完美的科技体验。可穿戴智能设备将会成为人的一部分，作为传感器的载体，进一步补充和延伸人体感知能力，实现人、机、云端更高级的无缝交互，以及情景感知（见图 11-8）。

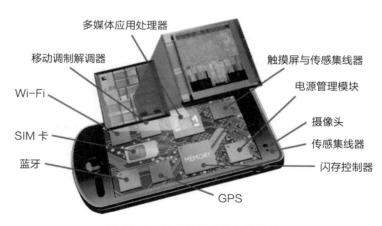

图 11-8　传感器组成的智能终端

5G 时代，国家也会鼓励加快智能终端核心技术和产品研发，发展新一代智能手机、车载智能终端等移动智能终端产品和设备，鼓励开发智能手表、智能耳机、智能眼镜等可穿戴终端产品，拓展产品形态和应用服务，这些都会给企业带来重大机遇。

智能家居

智能家居是一种安装有智能家居系统，使家庭生活更加安全、节能、智能、便利和舒适的居住环境。智能家居以住宅为平台，利用综合布线技术、网络通信技术、智能家居 – 系统设计方案安全防范技术、自动控制技术、音视频技术将家居生活有关的设施集成，构建高效的住宅设施与家庭日程事务的管理系统，提升家居安全、便利、舒适，并实现环保节能的居住环境（见图 11–9）。

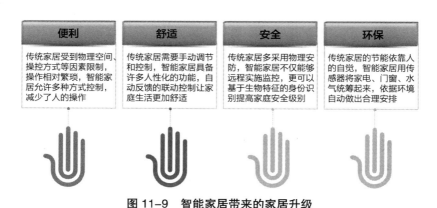

图 11–9　智能家居带来的家居升级

近几年来，家居生活正在不断走向智能化。人工智能在家居领域的应用场景主要包括智能家电、家庭安防监控、智能家居控制中心等，通过将生物特征识别、自动语音识别、图像识别等人工智能技术应用到传统家居产品中，实现家居产品智能化升级，全面打造智慧家庭。智能家居产品已相对成熟，未来市场发展空间巨大（见图 11–10）。

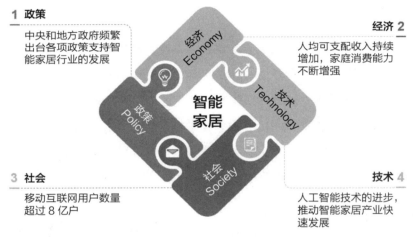

1 政策
中央和地方政府频繁出台各项政策支持智能家居行业的发展

经济 2
人均可支配收入持续增加，家庭消费能力不断增强

3 社会
移动互联网用户数量超过 8 亿户

技术 4
人工智能技术的进步，推动智能家居产业快速发展

图 11–10　中国智能家居行业 PEST 分析

从政策角度来看，5G 和人工智能相关政策的不断出台为智能家居行业提供了强有力的支撑。国家从政策层面也在不断支持智能传感、物联网、机器学习等技术在智能家居产品中的应用，提升家电、智能网络设备、水电气仪表等产品的智能水平、实用性和安全性，发展智能安防、智能家具、智能照明、智能洁具等产品，建设一批智能家居测试评价、示范应用项目并推广。

从经济角度来看，人均可支配收入持续增加，家庭消费能力不断增强。消费者对智能家居产品的认知不断提升，消费升级带动智能家居需求增长。随着我国家庭消费水平的日益提高，消费者对智能产品的需求也在从"价格导向"向"价值导向"转变。与五六年前相比，性价比已经不再是智能产品需求的唯一决定性因素，对产品品质和新科技功能的追求背后是消费升级理念的兴起。主力消费群体对生活环境和品质的要求，将使得便捷、舒适的智能家居不再仅仅局限于高端市场。

从社会角度来看，移动互联网用户数量超过 8 亿户，为智能家居的远程控制提供了基础。中国互联网络信息中心（CNNIC）第 44 次《中国互联网络发展状况统计报告》显示，截至 2019 年 6 月，我国网民规模为 8.54 亿，其中，手机网民规模达 8.47 亿，网民中使用手机上网的比例由 2018 年底的 98.6% 提升至 99.1%，手机上网已成为网民最常用的上网渠道之一。移动互联网和智能手机的普及，为智能家居产品提供了远程操控的基础。

从技术角度来看，人工智能技术的进步，推动了智能家居产业快速发展。语音识别、计算机视觉等人工智能技术取得重大进展，智能家居有望在听觉、视觉甚至触觉等多层面具备主动观察感知能力。人工智能专用芯片及嵌入式感知系统的成熟研发，通过前端智能与后端智能协同的方式加速智能家居的产业升级。

所以，企业在未来可以从以下三个方面布局智能家居。

一是打造智能家电终端产品。通过图像识别、自动语音识别等人工智能技术实现冰箱、空调、电视等家用电器产品功能的智能升级，促进家用电器控制智能化、功能多元化，提升家用电器的使用体验。如澳柯玛与京东联合研发推出的一款智慧大屏互联冰箱，内置摄像头可自动捕捉成像，基于图像识别技术自动识别 120 多种食材，为用户建立食材库，实现食物自动监测，并可跟踪学习用户习惯，为用户智能推荐食谱。长虹公司推出的 Alpha 人工智能语音空调，搭载智能语音控制模块，通过自动语音识别技术，实现六米内语音交互、全语义识别操控，高效识别及语音操控的准确度高达95% 以上。

二是实现家庭安防监控。基于图像识别、生物特征识别、人工智能传感器等技术实现家庭外部环境监测（如楼宇）、家庭门锁控制（如智能门锁、猫眼）、家庭内部环境探测（如空气质量、烟雾探测、人员活动等）等功能。如 LifeSmart 云起与英特尔公司合作打造的人脸识别可视门锁，通过摄像头采集含有人脸的图像或视频流，自动在图像中检测和跟踪人脸，基于人的脸部特征信息进行身份识别，实现人脸识别、远程可视、智能门锁的联动防御。斑点猫的智能猫眼产品人脸识别综合准确率可达到 99.6%，采集家人信息后，智能猫眼会迅速识别出家人，并进行家人回家信息播报，构建温馨的智能家居生活场景；而如果有陌生人到访，智能猫眼会进行陌生人报警提示，并可识别多种人脸属性，将年龄、性别等信息发送到用户手机，让用户及时应对，构建安全的家庭外部环境。

　　三是打造智能家居控制中心。基于自动语音识别、语义识别、问答系统、智能传感器等人工智能技术，开发智能家居控制系统（整体解决方案），实现家电、窗帘、照明等不同类型设备互联互通，从简单设备的开与关，逐步走向智能化、便利化、个性化设定。当前智能家居控制中心具有 App 控制、智能设备控制（如智能音箱）和智能机器人控制三种控制模式。Google Assistant、三星 Smart Things 智能家居控制中心采用 App 控制模式，通过在 Google Pixel 手机终端中安装 Google Assistant 软件，并在 Google Assistant 中添加基于自动语音识别技术的全新功能"家居控制"，用户能够向 Pixel 发出语音指令，完成调节屋内温度、控制照明、切换电视频道、播放音乐等操作。Amazon Echo、Google Home 则采用智能设备控制模式。

　　对于智能家居来说，功能和体验是其两大关键属性。产品所具备的智能功能是吸引消费者溢价购买的根本动力，通过增加通信模块、传感器等，智能家居相比传统的家居产品能够更好地应对用户的操作需要和适应环境的变化。在此基础上，出色的交互体验会为产品带来差异化的竞争优势。当前智能家居的交互方式已经越来越多样化，从最早的触屏 +App 开始向解放双手的语音交互、生物识别等延伸。智能语音技术的进步和头部玩家对音箱类产品的高度重视，正在不断推动语音交互在更多的智能家居场景中的落地应用。

- 智能厨房。允许远程和多交互方式操控厨房电器，通过收集、分析厨房场景中的数据，进行智能菜谱推荐，实现食材的一键下单。

- 智能影音娱乐。以家庭影院和背景音乐系统为中心，通过智能电视、音箱等产品实现远场语音交互，同时根据喜好智能推荐节目。
- 智能卫浴。由智能马桶、智能浴缸、智能淋浴房等产品构成，能够进行远程控制和自动化控制，兼顾节能环保的目标。

云端机器人

从机器人发展历程上看，最先成熟、最先大规模得到应用的是工业机器人，因为它的功能比较单一，基本是为了完成一项简单重复性的工作。

"工业机器人"来自美国人乔治·C. 德沃尔（Georg C. Devol）1954 年注册的专利——可编程的用于移动物体的设备（Programmed Article Transfer）。其中描述了示教再现机器人的概念——通过示教与再现能够取放物品的机械。这种机械能按照不同的程序从事不同的工作，因此具有通用性和灵活性。

根据这一专利，1958 年美国 Consolideted 控制公司研制成第一台数控工业机器人原型机——自动编程装置（Automatic Programmed Apparatus），随后，1962 年美国 Unimation 公司和 AMF 公司都推出了示教再现机器人的试作机。

20 世纪 60 年代正是日本经济高速增长的阶段，劳动力人口出现了严重不足，迫切需要工业机器人来弥补。于是，1967 年日本首次从美国进口了示教再现机器人，并自此开始了工业机器人的自主研发和量产。

工业机器人主要是替代工人的一些危险性作业、污染环境中工作或者简单重复性工作，目的在于提升生产安全性和提高产品质量，从而提升生产效率，因此得以在制造业领域被广泛采用。

工业机器人是在 20 世纪 70 年代开始"量产化"的。1980 年是"普及元年"，20 世纪 80 年代也因此诞生了柔性制造系统（Flexible Manufacturing System，FMS）、工厂自动化（Factory Automation，FA）等新型生产系统。因此，传统的大规模生产时代开始向中批量中种类、小批量多种类生产时代变迁。正因为机器人相对于传统自动机更具广泛性，在新一代生产系统中发挥着核心作用，因此机器人产业得以快速发展。从应用的角度区分，智能机器人可以分为工业机器人、个人 / 家用服务机器人、公共服务机器人和特种机器人四类。其中，工业机器人包括焊接机器人、喷涂机器人、搬运机器人、加工机器人、装配机器人、清洁机器人以及其他工业机器人（见图11–11）。

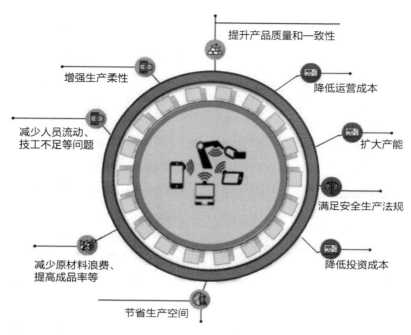

图 11-11 智能工业机器人

工业机器人市场集中度高，是机器人应用最为广泛的行业领域。根据 IFR（国际机器人联合会）发布的数据，2017 年工业机器人在全球机器人市场中占据高达 63.4% 的市场份额，发展最为蓬勃。中、韩、日、美、德五国 2017 年工业机器人的销售量占全球总销量的 71%。其中中国工业机器人销量达到 13.8 万台，其次是韩国约 4 万台，日本约 3.8 万台，美国约 3.3 万台，德国约 2.2 万台。新型工业机器人能够取代人工进行繁重的制造过程，在专业的金属加工自动化中可用于金属器件的制作、搬运、码垛，还拥有智能服务内核、学习型"大脑",在训练与实践过程中可以不断地提升金属产品的加工精度。

相对而言,个人 / 家用服务机器人包括家政服务机器人、教育娱乐服务机器人、养老助残服务机器人、个人运输服务机器人和安防监控机器人等。人工智能的兴起推动了家政行业的智能化,个人 / 家用机器人的应用更加广泛。日本软银公司推出的陪护机器人,具有学习能力,可表达情感,会说话,能看护婴幼儿和病人,甚至在聚会时给人做伴,更能适应不同的场景需要,可实现家居布防、亲情陪护、健康监测、远程监控、主动提醒、居家娱乐、启蒙早教、应急报警、语言学习等诸多服务,是儿童的玩伴及老年人的贴心守护者(见图 11-12)。

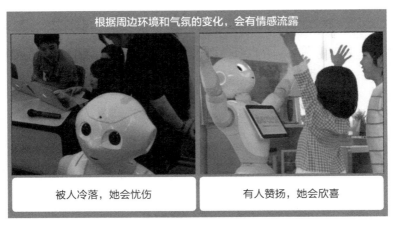

图 11-12 智能服务机器人

它们可以基于 5G 网络,从云计算平台调用数据,从而发展自己的情感能力，但不会共享主人的个人信息。英特尔公司推出的 3D 打印机器人，除了走路、说话，还能帮主人发微博、翻译或开冰箱拿饮料。小米公司开发的扫地机器人能够自主探知障碍物和室内地形，实现室内的自动化清洁。

公共服务机器人包括酒店服务机器人、银行服务机器人、场馆服务机器人和餐饮服务机器人等。个人 / 家用服务机器人和公共服务机器人也可统称为服务机器人。

公共服务机器人在酒店、金融、电信、电力、物流等具有大规模智能服务需求的行业中被广泛应用，在低投入的基础上为企业提供优质高效的服务。

一些智能酒店服务机器人能自动学习酒店的通道、电梯和房间位置，自动构建虚拟电子地图来进行导航，确定行走路线，自动避让行人和障碍物，并且可自动乘坐电梯，实现在无人陪伴的情况下独自完成各项服务，在降低酒店人工成本的同时提升运营效率。

2012 年亚马逊以 6.78 亿美元买下自动化物流提供商 Kiva 的机器人仓储业务后，利用机器人来处理仓库的货物盘点以及配货等工作。所有员工只需要在固定的位置进行盘点或配货，而 Kiva 机器人则负责将货物（连同货架）搬到员工面前。

Starship 公司推出了一种专门用于小件货物配送的"盒子机器人"，其硬件上配置了一系列摄像头和传感器，能够保障其安全行走在人行道上，在指定时间从物流中心出发，穿越大街小巷，来到顾客家门口完成快递任务。在配送过程中，所携带的包裹都被严密封锁，接收者只有通过智能手机才能打开。

阿里巴巴自主研发的机器人"曹操"在接到订单后，可以迅速定位出商品在仓库分布的位置，并且规划最优分拣路径，分拣货后会自动把货物送到打包台。在 2018 年"6·18"购物节期间，京东、菜鸟裹裹、顺丰等物流企业积极应用仓内机器人、分拣机器人等智能设备，提升仓储自动化、智能化水平。

特种机器人包括特种极限机器人、康复辅助机器人、农业机器人、水下机器人、军用和警用机器人、电力机器人、石油化工机器人、矿业机器人、建筑机器人、物流机器人、安防机器人、清洁机器人和医疗服务机器人等。

特种机器人智能化水平不断提升，替代人类完成特殊环境下难以完成的工作。在医疗领域，国产手术机器人"天玑"，在骨科类手术中已经进入临床实践，有效降低了骨科手术人工操作过程中可能造成的脊髓、血管损伤风险。在诊后康复环节，具有轻量化、高柔韧性的康复机器人开始逐步得到应用推广。

在农业特种机器人领域，美国投资公司 Khosla Ventures 的报告指出，农业特种机器人能够自己识别作物与杂草，用专门的除草剂对杂草选点喷洒，能够将农药污染降低 20%，同时降低种植成本。

随着 5G 的发展，基于云计算、大数据、物联网的智能机器人将在各个领域广泛应用，机器人技术（Robot Technology）时代也将随之到来。

机器人技术涉及众多领域，具有多学科交叉和融合等特点。机器人正在逐步发展成为具有感知、认知和自主行动能力的智能化装备，是数学、力学、机构学、材料科学、自动控制、计算机、人工智能、光电、通信、传感、仿生学等多学科和技术综合的成果，其发展水平体现了国家高技术领域的综合实力。我国现阶段机器人的发展需要智能和自主作业能力的提升、人机交互能力的改善、安全性能的提高，突破"人机交互""人机合作""人机融合"制约的瓶颈，突破三维环境感知、规划和导航、类人的灵巧操作、直观的人机交互、行为安全等关键技术。

机器人是新型技术的融合，为了使之能够适应功能的需求，以及保持其智能化的稳定性，要求机器人具备许多前沿技术。通常来看，机器人技术主要由传感器、智能控制、驱动部分三大部分组成，涵盖计算机软件、半导体、大数据、电子技术、通信技术、人工智能、物联网、自动测量、自动定位、语音识别、图像处理、环境识别、驱动技术、蓄电池等多项跨领域、跨学科的前沿技术（见图 11-13）。

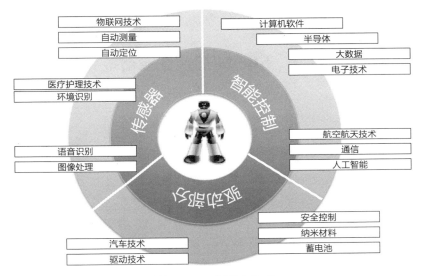

图 11-13 机器人技术

世界经济增长引擎也即将由 IT、DT 进入 RT 时代，智能机器人将成为物联网时代各行各业以及家庭个人消费者的核心终端产品。

第12章

5G+AI 加速企业智能化升级

　　未来，国家鼓励发展智能经济不仅仅是发展人工智能新兴行业，还要推动人工智能与各行业融合创新，在制造、农业、物流、金融、商务等重点行业和领域开展人工智能应用试点示范，推动人工智能规模化应用，全面提升产业发展智能化水平（见图 12-1）。

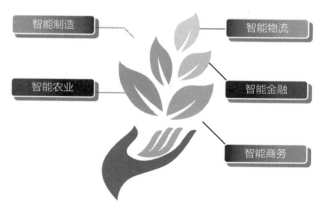

图 12-1　传统产业的智能化升级

　　可以说，发展智能经济首要的就是发展人工智能新兴产业，加快人工智能关键技术转化应用，促进技术集成与商业模式创新，推动重点领域智能产品创新，积极培育人工智能新兴业态，布局产业链高端，打造具有国际竞争力的人工智能产业集群。

智能制造

工业 4.0 革命性的技术创新与制造业的融合充满挑战，但潜在的收益无比巨大，其能够帮助企业寻求最优的解决方案，应对积弊，创造价值，比如设备预测性维护、优化任务流程，实现生产线自动化，减少误差与浪费，提高生产效率，缩短交付时间，提升客户体验。

未来，人工智能将在重塑我国制造业的征程中发挥重要作用。因此，我们要围绕制造强国的重大需求，推进智能制造关键技术装备、核心支撑软件、工业互联网等系统集成应用，研发智能产品及智能互联产品、智能制造使能工具与系统、智能制造云服务平台，推广流程智能制造、离散智能制造、网络化协同制造、远程诊断与运维服务等新型制造模式，建立智能制造标准体系，推进制造全生命周期活动智能化（见图 12-2）。

"智能制造"概念刚提出时，其预期目标是比较狭义的，即"使智能机器在没有人工干预的情况下进行小批量生产"，但随着智能制造内涵的扩大，智能制造的目标已变得非常宏大。比如，"工业 4.0"指出了八个方面的建设目标，即满足用户个性化需求，提高生产灵活性，实现决策优化，提高资源生产率和利用率，通过新的服务创

图 12-2 智能制造的使能技术

造价值机会,应对工作场所人口的变化,实现工作和生活的平衡,确保高工资仍然具有竞争力。工业和信息化部曾经指出,实施智能制造可给制造业带来"两提升、三降低"。"两提升"是指生产效率的大幅度提升、资源综合利用率的大幅度提升。"三降低"是指研制周期的大幅度缩短、运营成本的大幅度下降,以及产品不良品率的大幅度下降。

采用工业机器人能够实现"减员、增效、提质、保安全"的目的。工业机器人是典型的数字化、网络化、智能化制造装备,是新工业革命的重要内容。工业机器人不但能够适应恶劣的条件与苛刻的生产环境,而且能够有效提高产品的精度和质量,显著提高劳动生产率。目前,工业机器人技术正在向智能化、模块化和系统化的方向发展。更重要的是,随着技术的成熟和成本的下降,工业机器人即将迎来爆发式增长，在工业生产各领域得到广泛应用，极大推动工业生产方式向定制化、柔性化和对市场快速响应的方向发展。例如宝马沈阳工厂，作为宝马汽车全球生产体系中最新建成的一座工厂，诠释了当今最先进的生产技术、最创新的环保生产理念，以及极高的灵活性，引领着个性化定制生产的潮流。

在家电、3C（计算机、通信和消费类电子产品）等行业，产品的个性化来源于客户多样化与动态变化的定制需求，企业必须具备提供个性化产品的能力，才能在激烈的市场竞争中生存下来。智能制造技术可以从多方面为个性化产品的快速推出提供支持，比如，通过智能设计手段缩短产品的研制周期，通过智能制造装备（如智能柔性生产线、机器人、3D 打印设备）提高生产的柔性，从而适应单件小批量生产模式等。这样，企业在一次性生产且产量很低的情况下也能获利。还有，通过先进的分析和建模技术，帮助决策者更好地分析极其复杂多变的风险和制约因素，以评估各种备选方案，甚至自动制定决策，从而提高响应速度，减少人工干预。

同时，人工智能在云计算、物联网和大数据等基础设施的支撑下，将进一步促进"制造"的智能化。

（1）云计算。在一些有固定数学优化模型、需要大量计算，但无须进行知识推理的地方，比如，设计结果的工程分析、高级计划排产、模式识别等，通过云计算技术，可以更快地给出更优的方案，有助于提高设计与生产效率、降低成本，并提高能源利用率。

（2）物联网。以数控加工过程为例，"机床 / 工件 / 刀具"系统的振动、温度变化对产品质量有重要影响，需要自适应调整工艺参数。在这方面，物联网传感器对制造工况的主动感知和自动控制能力明显高于人工。因此，应用物联网传感器，实现"感知 – 分析 – 决策 – 执行"的闭环控制，能够显著提高生产制造的质量和效率。同样，在企业的制造过程中，存在很多动态的、变化的环境，制造系统中的某些要素（设备、检测机构、物料输送和储存系统等）必须能动态地、自动地响应系统变化，这也依赖于制造系统的智能化。

（3）大数据。随着大数据技术的普及应用，企业竞争力的核心要素正在由资源要素驱动型向信息数据驱动型转变。大数据的典型应用包括产品创新、产品故障诊断与预测、企业供需链优化和产品精准营销等诸多方面。企业能拥有的产品全生命周期数据可能是非常丰富的，通过基于大数据的智能分析方法，将有助于创新或优化企业的研发、生产、运营、营销和管理过程，为企业带来更快的响应速度、更高的效率和更深远的洞察力。

当前许多制造企业通常优先考虑效率、成本和质量，对降低能耗认识不够。然而实际情况是不仅在化工、钢铁、锻造等流程行业，而且在汽车、电力装备等离散制造行业，对节能降耗都有迫切的需求。以离散机械加工行业为例，我国机床保有量世界第一，约 800 多万台。若每台机床的平均额定功率按 5 千瓦 ~ 10 千瓦计算，我国机床装备的总额定功率为 4000 万千瓦 ~ 8000 万千瓦，相当于三峡电站总装机容量 2250 万千瓦的 1.8 ~ 3.6 倍。智能制造技术能够有力地支持高效可持续的制造，首先，通过传感器等手段可以实时掌握能源利用情况；其次，通过能耗和效率的综合智能优化，获得最佳的生产方案并进行能源的综合调度，提高能源利用率；再次，通过制造生态环境的一些改变，比如改变生产的地域和组织方式，与电网开展深度合作等，可以进一步从大系统层面实现节能降耗。通过工业互联网实现供应链全面互联互通，不仅是普通的客户、供应商和信息化系统，还包括各个部件、产品和其他用于监控供应链的智能工具。通过持续改进，建立智能化的物流管理体系和畅通的物流信息链，有效地对资源进行监督和配置，实现物流使用的资源、物流工作的效果与物流目标的优化三者之间的协调和配合。通过紧密相连，能使全球供应链网络实现协同规划和决策。

产品设计是产品形成的创造性过程，是带有创新特性的个体或群体性活动，智能技术在设计链的各个环节上使设计创新得到质的提升。通过智能数据分析手段获取设计需求，进而通过智能创成方法进行概念生成，通过智能仿真和优化策略实现产品的性能提升，辅之以智能并行协同策略来实现设计制造信息的有效反馈，从而大幅缩短产品研发周期，提高产品设计品质。采用面向产品的全生命周期、具有丰富设计知识库和模拟仿真技术支持的数字化、智能化设计系统，在虚拟现实、计算机网络、大数据等技术的支持下，可在虚拟的数字环境里并行、协同地实现产品的全数字化设计，结构、性能、功能的模拟与仿真优化，极大地提高产品设计质量和一次研发成功率。

例如，波音 777、787 采用全数字化设计、测试和装配，采用并行工程方法协同工作，采用虚拟现实技术进行模拟试飞，实现了机身和机翼一次对接成功和飞机上天一次成功。我国的大型运输机"运 -20"飞机研制也全面采用了数字化、智能化设计技术，大大提高了设计质量，缩短了研发周期。

产品的价值体现在"研发 – 制造 – 服务"的产品全生命周期的每一个环节，根据"微笑曲线"理论，制造过程的利润空间通常比较小，而研发与服务阶段的利润空间往往更大，通过智能制造技术，有助于企业拓展价值空间。其一，通过产品智能化升级和产品智能设计技术，实现产品创新，提升产品价值；其二，通过产品个性化定制、产品使用过程的在线实时监测、远程故障诊断等智能服务手段，创造产品新价值，拓展价值链。

数字化、网络化、智能化技术的应用将使企业向数字化、网络化、智能化模式发展，可实现产品全生命周期各环节、各业务、各要素的协同规划与决策优化管理，从而既可有效地提高企业的市场反应速度，又可大幅提高制造效益，降低产品成本和资源消耗，有效提高企业竞争力。

例如，波音公司通过建设数字化工厂，对各个制造环节进行了全方位、全周期的管理，取得了显著的经济效益：（1）显著提高了生产效率；（2）减少了质量缺陷率；（3）减少了因供应商原因导致的生产延期。从而使波音 787 研制周期缩短 2/3，研制成本降低 50%。

在航空、航天、船舶、汽车等行业，存在许多结构复杂、加工质量要求非常高的零件。以航空发动机的机匣为例，它是典型的薄壳环形复杂零件，直径可达 3 米，其外表面分布有安装发动机附件的凸台、加强筋、减重型槽及花边等复杂结构，壁厚变化剧烈。用传统方法加工时，加工变形难以控制，质量一致性难以保证，变形量的超差将导致发动机在服役时发生振动，严重时甚至会造成灾难性的事故。对于这类复杂零件，采用智能制造技术，在线检测加工过程中力—热—变形场的分布特点，实时掌握加工中工况的时变规律，并针对工况变化即时决策，使制造装备自律运行，从而显著提升零件的制造质量。

智能农业

随着我国城镇化进程的推进，农民数量持续减少，利用人工智能技术实现智能农业将是最好的一项选择。

智能农业主要是指通过农业智能传感与控制系统、智能化农业装备、农机田间作业自主系统，以卫星遥感技术、无人机航拍以及传感器等收集气候气象、农作物、土地土壤以及病虫害等各种数据对通过天空地一体化的智能农业信息遥感监测网络采集的大数据，进行分析挖掘，为农场、合作社以及大型农业企业提供农业大数据智能决策分析系统服务等（见图 12-3）。

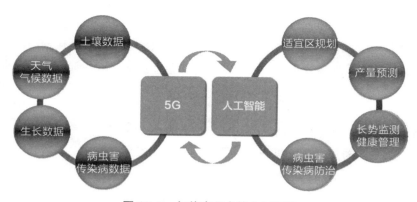

图 12-3　智能农业中的人工智能

未来国家政策所鼓励发展的智能农业，主要是指研制农业智能传感与控制系统、智能化农业装备、农机田间作业自主系统等，建立完善的天空地一体化的智能农业信息遥感监测网络、典型农业大数据智能决策分析系统，开展智能农场、智能化植物工厂、智能牧场、智能渔场、智能果园、农产品加工智能车间、农产品绿色智能供应链等集成应用示范。

1. 主要通过天空地一体化网络进行数据收集

基于天空地一体化的智能农业信息遥感监测网络，主要是指以计算机和传感器技术为基础，根据 GPS 卫星定位系统和机器视觉技术实现农机的精准定位，通过智能终端实时监测农机信息、作业状态及作业速度等。数据平台服务指的是利用传感器、无线通信、大数据、云计算、物联网、人工智能等技术进行数据收集并分析，通过传感器收集土壤温湿度、水分、pH 值等。根据卫星遥感影像数据，分析土地质量，进行适宜作物的耕种指导。比如，对农作物的生长情况进行实时跟踪、病虫害监测，以及对农作物的产量进行预测等。

利用卫星可以获取农作物数据、天气数据及病虫害数据。农作物数据是利用遥感技术，根据不同作物呈现的不同颜色、纹理以及形状等遥感影像信息，划分农作物种植面积，监测农作物长势、估算农作物产量等；通过卫星获取天气数据、监测病虫害以及自然灾害等；通过卫星遥感技术收集土地、农作物以及天气气候等数据、无人机航拍实时监测农作物长势、病虫害等数据，以及传感器采集空气、土壤的温湿度、土壤水分、光照强度和农作物生长数据等，对收集到的数据进行分析、处理，并建立可视化模型，实现对作物的精准管理。

2. 农业大数据智能决策分析系统

农业大数据智能决策分析系统以平台为基础，进行作物的精准管理，通过卫星、摄像头、传感器实时监测作物生长情况，根据历史数据进行产量预测等。根据作物类型收集病虫害数据，提前预防，精准喷洒农药等；以无人机、传感器为主要方式，实时监测作物长势，并提出灌溉、施肥建议；根据病虫害及作物类型提前预防，精准施药，确保作物少受损失。

3. 农业智能传感与控制系统、智能化农业装备、农机田间作业自主系统

这些系统主要包括农机自动驾驶、无人机植保等。搭载先进的

传感器设备，根据地形、地貌搭配专用药剂对农作物实施精准、高效的喷药作业，通过人机药三位一体达到节水节药的目的。通过耳标、摄像头等监控畜牧动物的生长情况，实时跟踪，体型识别，且对收集到的图形等数据进行处理、分析，实现养殖的精细化管理。

无人机获取农业数据的方式主要有两种：一种是用无人机搭载摄像头进行航拍获取数据；另一种是利用无人机搭载遥感传感器，依据不同作物的光谱特性，识别作物生长情况，监测病虫害情况，更好地进行田间管理。

传感器是农业物联网的基础，利用传感器可以收集空气、土壤温湿度、二氧化碳浓度、光照强度、土壤水分、农作物生长情况等数据，多用于以温室大棚为代表的设施农业中，提高作物产量与农产品品质。

无人机植保能够解决农村劳动力短缺、劳动力成本高、人工效率低、农药使用超标等问题。无人机植保产业链包括三个部分：农药研发、无人植保机制造以及飞防队进行植保服务。农药分为固态和液态两种药剂，目前多以液态药剂为主，无人植保机制造企业或者飞防组织根据实际情况进行农药加工以及兑水稀释后，对农作物进行植保作业。

农机自动驾驶指的是利用导航卫星实现农机沿直线作业的功能，主要利用角度传感器获取农机偏移数据、利用摄像头获取周围作物生长数据以及利用导航卫星实时定位跟踪车辆获得相关信息数据，然后将三者获取的数据经过无线网络传输到控制端，对数据进行分析后，利用车载计算机显示器实时显示作业情况以及作业进度等（见图 12–4）。

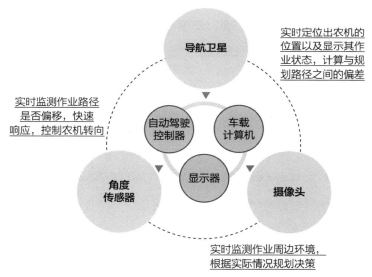

图 12–4　农机自动驾驶

农机自动驾驶的主要作用是对利用感知系统获取的信息进行分析判断，并对下一步的行为进行决策，这也是农机自动驾驶的"大脑"。实时监测农机车辆位置信息、作业状态、运行参数、运行位置，实现实时故障诊断和故障预警。路径规划分为全局路径规划和局部路径规划，全局路径规划是在地图已知的情况下，进行最优的行驶轨迹规划，而局部路径规划只需要由传感器实时采集环境信息。

农机车辆导航系统是实现农机自动驾驶技术的前提。车联网指的是通过卫星导航系统、无线通信、传感器等技术，对车辆进行数字化管理，包括实时跟踪、监管车辆运行状况等，并根据不同的功能需求对所有车辆的运行状态进行有效的监管。农机自动驾驶的核心为农机车辆导航系统，通过车辆导航系统实现农机的作业监测、路径规划等操作。目前主要应用于拖拉机、收割机、小麦机和青贮机等农用机械上。

4. 智能农场、智能牧场、智能渔场

智能农场、智能化植物工厂、智能果园，主要包括播种、施肥、灌溉、除草以及病虫害防治等环节，以传感器、摄像头和卫星等收集数据，实现管理数字化、机械智能化发展，以及通过数据平台服务来呈现。

智能牧场、智能渔场主要是将新技术、新理念应用在生产中，包括繁育、饲养以及疾病防疫等。但由于应用类型较少，因此可以用"精细化养殖"来定义整体农业养殖环节。

人工智能在智能农场、智能化植物工厂、智能果园、智能牧场、智能渔场中发挥着巨大的作用，也带来了巨大的价值。以精细化养殖为例，其以人工智能等新技术、新理念为指导，可以降低畜禽死亡率，提升产品质量。

当前，养殖行业存在很多问题，如抗生素使用过多，畜禽产

品药物残留严重,产品质量较差;畜禽每天的排泄物造成当地的环境污染问题;同时,畜禽死亡率过高,成本大大提升。大型上市养殖企业主要是利用环境控制系统、饲料饲喂系统以及信息化管理系统等进行规模化养殖,而精细化养殖指的是利用新技术、新理念解决养殖行业普遍存在的问题,如抗生素使用过多以及养殖死亡率较高等。

精细化养殖主要应用于养猪、养牛和养鸡上,利用传统的耳标、可穿戴设备以及摄像头等来收集畜禽产品的数据,通过对收集到的数据进行分析,运用深度学习算法判断畜禽产品的健康状况、喂养情况、位置信息以及发情期预测等,对其进行精准管理,降低畜禽死亡率,提升产品质量(见图 12–5)。

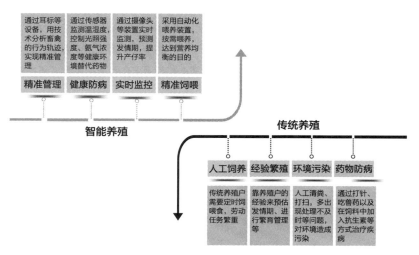

图 12–5 人工智能在养殖行业四个环节的应用对比

智能物流

自 2015 年以来，我国各级政府机构出台了多项鼓励物流行业向智能化发展的政策，并积极鼓励企业进行物流模式的创新，主要包括以下几个方向。

- 大力推进"互联网＋"物流发展，发挥互联网平台实时、高效、精准的优势，对线下运输车辆、仓储等资源进行合理调配、整合利用，提高物流资源使用效率，实现运输工具和货物的实时跟踪和在线化、可视化管理。如国务院办公厅在《关于深入实施"互联网＋流通"行动计划的意见》中提出，鼓励发展分享经济新模式，激发市场主体创业创新活力，鼓励包容企业利用互联网平台优化社会闲置资源配置，扩大社会灵活就业。

- 鼓励物流模式创新，重点发展多式联运、共同配送、无车承运人等高效现代化物流模式。商务部在《2015 年流通业发展工作要点》中提出，深入推进城市共同配送试点，总结推广试点地区经验，完善城市物流配送服务体系，促进物流园区分拨中心、公共配送中心、末端配送点三级配送网络合理布局，培育一批具有整合资源功能的城市配送综合信息服务平台，推广共同配送、集中配送、网订店取、自助提货柜等新型配送模式。

- 加强物流信息化和数据化建设。国务院办公厅在《关于推进线上线下互动加快商贸流通创新发展转型升级的意见》中提出，鼓励运用互联网技术大力推进物流标准化，推进信息共享和互联互通；大力发展智能物流，运用北斗导航、大数据、物联网等技术，构建智能化物流通道网络，建设智能化仓储体系、配送系统。

近 10 年来，电子商务、新零售、C2M 等各种新型商业模式快速发展，同时，消费者需求也从单一化、标准化，向差异化、个性化转变，这些变化对物流服务提出了更高的要求。

电子商务快速发展带动物流快递业从 2007 年开始连续十多年以50% 左右的速度增长。2019 年 12 月 16 日上午，国家邮政局邮政业安全监管信息系统实时监测数据显示，我国快递业第 600 亿件快件诞生。它是由我国山西的一位消费者从韩国购买的商品，由圆通速递从天津保税区揽收。这标志着我国快递年业务量迈入 600 亿时代，是快递发展史上又一座里程碑。

2018 年"双十一"期间包裹数量超过 10 亿，阿里巴巴研究院预计 2020 年网络零售额将超过 10 万亿元人民币。随着阿里巴巴倡导的"新零售"模式的兴起，企业以互联网为依托，通过运用大数据、人工智能等先进技术手段，对线上服务、线下体验以及现代物流进行深度融合。在这一模式下，企业将产生如利用消费者数据合理优化库存布局，实现零库存，利用高效网络妥善解决可能产生的逆向物流等诸多智能物流需求。

尤其是，随着 C2M 商业模式的兴起，市场上将出现由用户需求驱动生产制造，去除所有中间流通加价环节，联结设计师、制造商，为用户提供顶级品质、平民价格、个性且专属的商品。在这一模式下，消费者的诉求将直达制造商，个性化定制成为潮流，对物流的及时响应、定制化匹配能力提出了更高的要求。

行业爆发式增长的业务量对物流行业的包裹处理效率以及配送成本提出了更高的要求。人工智能时代下，物流行业与人工智能结合形成"智能物流"，将改变物流行业原有的市场环境与业务流程，涌现一批新的物流模式和业态，如货运动态匹配、运力动态调度等。基础运输条件的完善以及智能化的进一步提升激发了多式联运模式的快速发展。新的运输运作模式正在形成，与之相适应的智能配货调度体系也在快速增长。

智能物流通过智能硬件、物联网、大数据等智能化技术与手段，提高物流系统分析决策和智能执行的能力，提升整个物流系统的智能化、自动化水平。智能物流集多种服务功能于一体，体现了现代经济运作特点的需求，即强调信息流与物质流快速、高效、通畅地运转，从而实现降低社会成本、提高生产效率、整合社会资源的目的。当前物流企业对智能物流的需求主要包括物流数据、物流云、物流设备三大领域。

- 智能物流数据服务市场（形成层）。处于起步阶段，其中占比较大的是电商物流大数据，随数据量积累以及物流企业对数据的逐渐重视，未来物流行业对大数据的需求前景广阔。
- 智能物流云服务市场（运转层）。基于云计算应用模式的物流平台服务在云平台上，所有的物流公司、行业协会等都集中整合成资源池，各个资源相互展示和互动，按需交流，达成意向，从而降本增效。阿里巴巴、亚马逊等都已纷纷布局云服务市场。

- 智能物流设备市场（执行层）。设备市场是智能物流市场的重要细分领域，包括自动化分拣线、物流无人机、冷链车、二维码标签等各类智能物流产品。

智能配货调度体系，可分为两类，分别为货运动态匹配和运力动态调度。货主发布运输需求，平台根据货物属性、距离等智能匹配平台注册运力，利用人工智能技术管理运力资源，通过对距离、配送价格、周边配送员数量等数据分析进行精确订单分配，为消费者提供最优质的客户体验。

未来，随着无人机、机器人与自动化、大数据等进一步成熟，可穿戴设备、3D 打印、无人卡车、人工智能等技术将被广泛应用于仓储、运输、配送、末端等各物流环节。

- 仓内技术。主要是机器人技术，包括 AGV（自动导引运输车）、无人叉车、货架穿梭车、分拣机器人等，用于仓内搬运、上架、分拣操作，可有效提升仓内的操作效率，降低成本。如亚马逊在 13 个分拣中心布局超 3 万个 KIVA 机器人。
- 最后一公里配送。无人机技术包括干线无人机与配送无人机两类，其中配送无人机研发已较为成熟，主要应用于末端最后一公里配送，如京东在 2017 年"6·18"期间，已采用无人机在多省市进行农村小件商品配送，完成 1000 余单配送。
- 智能数据底盘。大数据分析技术通过对商流、物流等数据进行收集、分析，主要应用于需求预测、仓储网络、路由优化、设备维修预警等方面，如京东采用数据预测方式，提前洞察消费者需求，并进行预先分仓备货。

例如，DHL 荷兰仓内，员工可根据智能眼镜的图像提示（如包裹体积、目的地信息）进行高效分拣。仓内技术中融入了人工智能和可穿戴设备技术。而最后一公里中的 3D 打印、干线技术中的无人卡车，以及数据底盘的物联网，完全可以实现仓内智能分拣、末端产品配送、干线货物运输、产品溯源、决策支持等智能物流。

企业布局智能物流下一步的主要任务是，加强智能化装卸搬运、分拣包装、加工配送等智能物流装备研发和推广应用，建设深度感知智能仓储系统，提升仓储运营管理水平和效率（见图 12–6）。

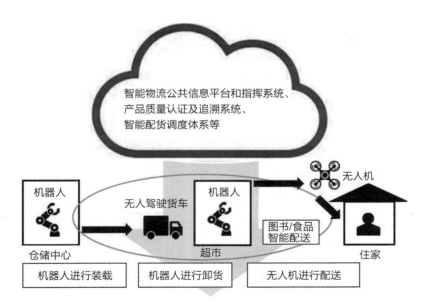

图 12–6　智能物流中的人工智能

智能金融

金融业是所有产业中收益相对较高也是对市场反应较为敏感的产业，金融信息化的建设一直是技术与商业探索的热点。近年来，基于普惠金融等需求，国家对金融提出了自动化和智能化的发展要求，银行业最早尝试利用人工智能打造智能化运维体系，推动科技与金融融合。

人工智能拓展了金融服务的广度和深度，而智能金融则是人工智能与金融的全面融合。智能金融以人工智能等高科技为核心要素，全面赋能金融机构，提升金融机构的服务效率，拓展金融服务的广度和深度，实现金融服务的智能化、个性化和定制化。提升内部效率，降低沟通成本，同时提供更多的渠道来服务金融客户是智能金融的根本出发点。可以说，智能金融正是新一代人工智能金融发展的必然趋势。

从政策、经济、社会和技术宏观环境来分析，也可以发现，智能金融是金融未来发展的方向（图 12-7）。

从政策来看，国家对金融提出自动化和智能化发展要求，并制定了《新一代人工智能发展规划》等支持政策；从经济角度来看，金融科技项目投资热度高涨，备受资本青睐，供给侧改革对金融的改革提出迫切需求；从社会角度来看，居民可支配收入和可投资资产增加，对金融服务的需求扩大，与此同时，国家培育了大量的金

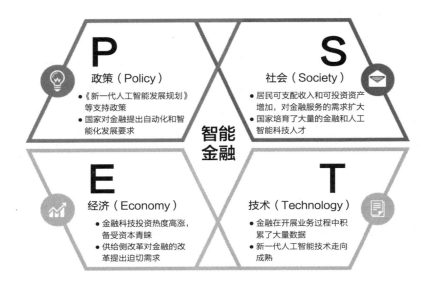

图 12-7　智能金融的综合环境分析

融和人工智能科技人才；从技术角度来看，金融业在开展业务过程中积累了大量数据，新一代人工智能技术走向成熟。

　　人工智能已被广泛应用到银行、投资、信贷、保险和监管等多个金融业务场景。目前，传统金融机构、大型互联网公司和人工智能公司纷纷布局金融领域，智慧银行、智能投顾、智能投研、智能信贷、智能保险和智能监管是当前人工智能在金融领域的主要应用，主要作用于银行运营、投资理财、信贷、保险和监管等业务场景，但整体来看人工智能在金融领域的应用尚不成熟。应用在金融领域的人工智能相关技术主要包括机器学习、生物识别、自然语言处理、语音识别和知识图谱等技术。尽管目前的智能金融应用场景还处于起步阶段，并且大部分是人机结合式的，对金融业务主要起辅助性作用，但是，金融业务场景和技术应用场景都具有很强的创新潜力。从长远来看，在金融投顾、智能客服等应用方面可能会对金融行业产生颠覆性影响。

　　按照金融机构前台、中台、后台三大主要模块来看，智能金融应用场景都有涉及，前台为智能客服、智能支付，中台为智能风控、智能投顾和智能投研，后台为智能数据（见图 12–8）。

图 12–8　智能金融的应用场景

1. 智能客服

　　随着人力成本的提高、客户消费体验要求的提升以及人工智能技术的发展，劳动力密集型的传统客服已经不能适应市场需求，于是智能客服开始出现。智能客服通过网上在线客服、智能手机应用、即时通讯等渠道，以知识库为核心，使用文本或语音等方式进行交互，理解客户的意愿并为客户提供反馈服务。

智能客服主要解决一些重复性的服务性请求，应用相对比较成熟。对于处在服务业价值链高端的金融业而言，人工智能技术将对金融领域中的服务渠道、服务方式、风险管理、授信融资、投资决策等各个方面带来深刻的变革式影响，成为金融行业沟通客户、发现客户需求的重要决定因素。目前，交通银行、平安保险等金融机构已经开始运用人工智能技术开展自然语言处理、语音识别、声纹识别，为远程客户服务、业务咨询和办理等提供有效的技术支持，这不仅可以有效响应客户要求，而且大大减轻了人工服务的压力，有效降低从事金融服务的各类机构的运营成本。

2. 智能支付

数据显示，2016 年中国第三方支付市场规模达到 11.41 万亿美元（包括互联网支付和移动支付），其中移动支付的占比已经超过互联网支付，达到 75%。移动支付在发展过程中，支付验证技术也经历了快速迭代，密码支付、指纹支付、声波支付（支付宝有应用，规模较小），而人脸识别技术的成熟和人们对支付安全便捷需求性的提高，使得刷脸支付出现在大众视野。

刷脸支付，即基于人脸识别技术的新型支付方式，将用户面部信息与支付系统相关联，通过拍照把获取的图像信息与数据库中事先采集的存储信息进行比对来完成认证。依照目前刷脸支付应用现状来看，刷脸支付确实提高了支付的便捷性，支付过程简便，完成整个支付流程的时间不到 10 秒。通过人脸识别＋手机号验证的方式为支付的安全性增加了双重保险。

人脸识别技术是刷脸支付背后的人工智能技术支撑。刷脸支付之所以成为可能，主要依赖于人脸识别技术为其提供了技术支撑。人脸识别技术是作为生物特征识别领域中的一种基于生理特征的识别，通过计算机提取人脸特征，并根据这些特征进行身份验证的一种技术。

人脸识别技术的发展历史悠久，1964 年就已经出现，经历了机器识别、半自动化、非接触式和智能识别四个阶段（见图 12-9）。20 世纪 90 年代以前主要是以机器识别为主，研究人脸面部特征，但算法不够成熟，不能自动识别。20 世纪 90 年代到 2000 年主要研究人工算法识别，人脸识别技术得以快速发展，处于半自动化阶段。2001 年至 2010 年主要研究非接触式的人脸识别，但是识别率较低，低于 74%。2011 年以来，主要研究深度学习在人脸识别中的应用，目前识别率已经超过人眼的 94.9%。

智能识别出现之前，由于识别率较低，人脸识别技术并未得到大规模应用。在 2014 年以前，学术界在 FDBB 人脸数据集上取得的最好检测精度是在 100 个误检时达到 84% 的检测率，而之后众多基于卷积神经网络算法的人脸检测器在相同条件下取得了 90% 以上的检测率。目前人脸识别系统最高的识别率可以达到 99% 以上，人脸

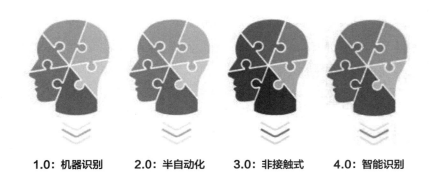

1.0：机器识别
1964—1990年

2.0：半自动化
1991—2000年

3.0：非接触式
2001—2010年

4.0：智能识别
2011至今

图 12-9　人脸识别技术发展进程

识别精度已经超过了人眼。

目前，国内的机场和高铁站的安检通道几乎都应用了人脸识别技术。智能识别阶段的人脸识别流程主要包括人脸检测、人脸特征智能提取和人脸匹配三部分。

首先通过摄像头拍摄人脸图片，检测人脸的大小和定位。然后，利用 CNN（卷积神经网络算法）提取人脸特征，根据人脸特征在人脸图片大数据中进行查找。最后，判定人脸是不是数据库中存在的，进而在数据库中找到匹配度最高的人脸（见图 12-10）。

3. 智能数据

对于金融公司来说，数据是最重要的资源。而今天，从社交媒体活动和移动互动到市场数据和交易细节，在结构和数量上都存在着大量的金融数据。金融专家经常需要处理半结构化或非结构化数

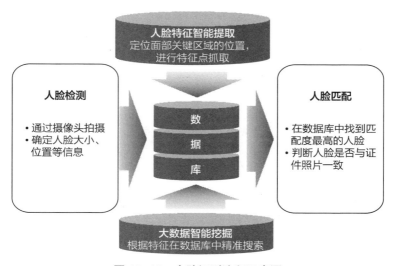

图 12-10　人脸识别流程示意图

据，而手动处理这些数据是一个巨大的挑战。

　　智能数据为金融行业带来了裂变式的创新活力，其应用潜力有目共睹。金融行业一直以来较为重视大数据技术的发展。相比常规商业分析手段，智能数据可以使业务决策具有前瞻性，让企业战略的制定过程更加理性化，实现生产资源优化分配，依据市场变化迅速调整业务策略，提高用户体验以及资金周转率，降低库存积压的风险，从而获取更高的价值和利润。

　　智能数据在风险管理中最重要的应用是识别潜在客户的信誉。使用机器学习算法来分析过去的支出行为和模式，为特定客户建立适当的信用额度。这种方法在与新客户或具有简短信用记录的客户合作时也很有用。

当前，将机器学习技术与管理过程整合仅仅是从数据中提取真实知识的必要条件。智能数据，特别是利用人工智能自然语言处理技术之后，数据挖掘和文本分析更加智能化，更加有助于将数据转化为更好的业务解决方案，从而提高盈利能力。

各种数据报表分析现在是金融服务的核心。预期流失率和股市走势等主要应用都是智能数据带来的预测分析。实时分析足够的智能数据才能揭示预测未来事件的数据模式，为采取投资行动提供科学决策。

4. 智能风控

金融的本质在于风险定价，风控对于金融机构和平台来说都是一种保障。伴随着互联网金融、智能金融的出现，金融业务面临的风险挑战将会越来越大，从而对智能风控提出了要求。

智能风控主要依托高维度的大数据和人工智能技术对风险进行及时有效的识别、预警、防识。一般包括数据采集、行为建模、用户画像和风险核定四个流程（见图 12-11）。

利用人工智能技术进行智能风控在一定程度上确实突破了传统风控的局限，在利用更高维度、更充分的数据时降低了人为偏差，减少了风控成本，可以解决金融业务对风控提出的新挑战。

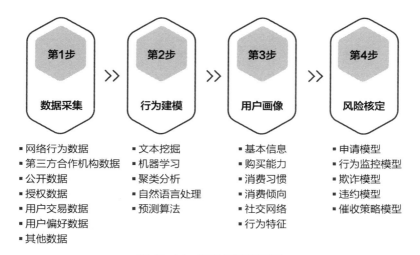

图 12-11　智能风控流程图

　　人工智能技术在智能风控方面的应用发展较快，随着互联网金融的快速发展，如蚂蚁金服、京东金融等不少金融机构和互联网金融公司大力发展智能信贷服务。智能风控主要依托高维度的大数据和人工智能技术对金融风险进行及时有效的识别、预警和防范。金融机构通过人工智能等现代科技手段对目标用户的网络行为数据、授权数据、交易数据等进行行为建模和画像分析，开展风险评估分析和跟踪，进而推测融资的风险点。根据某些可能影响借款人还贷能力的行为特征的先验概率推算出后验概率，金融机构能够对借款人的还贷能力进行实时监控，有助于减少坏账损失。

5. 智能投顾

　　随着人工智能的爆发，智能投顾也以强劲的姿态进入我们的视线。其实，智能投顾并不是一个新概念，早在 2008 年左右，智能投顾在美国就受到了用户的欢迎。当时的智能投顾，又称机器人投顾（Robo-Advisor）。它会依据现代资产组合理论，结合个人投资者的风险偏好和理财目标，利用算法和友好的互联网界面，为客户提供财富管理和在线投资建议服务。

投资者对于投资顾问的需求主要体现在"情绪管理"和"投资策略/建议"：一方面，投资者在投资过程中容易产生贪婪或恐慌的情绪波动；另一方面，投资者对金融市场信息了解相对较少，信息不对称。

与传统投顾相比，智能投顾具有低门槛、低费用、投资广、透明度高、操作简单、个性化定制等优势，因此，智能投顾更适合满足投资者的需求。根据美国金融监管局（FINRA）2016 年 3 月提出的标准，智能投顾服务包括客户分析、大类资产配置、投资组合选择、交易执行、组合再选择、税负管理和组合分析。传统投顾和智能投顾都是基于以上七个步骤，只是实施的方式不同，而智能投顾本质上是技术替代人工实现投顾。

智能投顾主要指根据个人投资者提供的风险偏好、投资收益要求以及投资风格等信息，运用智能算法技术、投资组合优化理论模型，为用户提供投资决策信息参考，并随着金融市场动态变化对资产组合及配置提供改进的建议。智能投顾不仅在投资配置和交易执行能力上可以超越人类，还可以帮助投资者克服情绪上的弱点。中国工商银行、中国银行等国有银行也纷纷推出智能投顾服务，花旗银行预计到 2025 年，智能投顾管理的资产总规模将会高达 5 万亿美元。伴随着人工智能神经网络、决策树技术的不断迭代创新和发展，智能投顾在金融业中将会得到进一步应用和发展。

6. 智能投研

金融业对数据具有极强的依赖性，工作人员每天一半的时间都用来收集和处理数据。因此，如何节省处理和收集数据的时间，是金融业对人工智能提出的要求。

智能投研是基于知识图谱和机器学习等技术，搜集并整理信息，形成文档，供分析师、投资者等使用。智能机器效率较高，但创新性不足，而人机结合将会大大提高决策的效率和质量。

人工智能对金融市场、金融机构和消费者都产生了深刻的影响。对金融市场来说，人工智能可以降低信息不对称程度，提升市场效率与稳定性；改善整个金融市场价格发现机制，降低整体交易成本；有效提升交易速度与效率，增加金融市场流动性。对金融机构来说，人工智能可以促进更多金融机构实现日常业务流程自动化，有效识别客户需求并为其提供定制产品，从而使业绩显著提升；促使金融机构提前检测欺诈、可疑交易、违约和网络攻击等风险，提升风险管理水平。对消费者与投资者来说，人工智能可以降低消费者和投资者的金融服务成本，促进其获得更广泛的金融服务；可以通过智能数据分析把握每位消费者或投资者消费偏好，以便为他们提供更多定制化与个性化金融服务。

智能商务

信息技术在商务中的地位正在由业务支撑工具逐步走向业务中心地位，在很大程度上影响着企业如何开展商务和创造新的价值。企业要求信息技术系统不仅要能够支撑特定商务的执行，还要能够创造出新的价值，随着业务变化而变化，成为快速创新的动力。这时候，人工智能开始在智能商务领域为企业的成长和扩张贡献力量。

商务对人工智能有着多种需求。

- 广泛互联的能力。联结客户、合作伙伴，赋予员工新的能力。通过将内部员工、合作伙伴和客户的数据进行整合，进行加工和提炼后再提供给内部员工、合作伙伴和客户使用，商业智能系统提升了三者业务上互相联结的能力。
- 适应变化的能力。随着业务的发展而变化，促进而非阻碍业务发展。
- 创造价值的能力。在业务的各个不同层面上创造价值。商业智能系统为企业各个不同层面的人提供合适的工具和信息，使得获取准确信息和做出明智决策的能力不仅仅局限于决策层，而是所有人员都能够在各自的层面上借助商业智能系统提高能力，从而全方位地增强企业决策能力，全面创造价值。

在美国的零售业有着这样一个传奇故事，沃尔玛公司将它们的纸尿裤和啤酒摆在一起销售，结果纸尿裤和啤酒的销量双双增长！为什么看起来毫不相干的两件商品这样一搭配，能取得惊人的效果呢？

这就是"智能商务"——因为沃尔玛公司巧妙地运用了大数据技术，成功地发现了"纸尿裤"和"啤酒"的潜在联系。当沃尔玛公司发现这两件商品存在联系的时候，再分析其原因，确实很有道理。原来，美国妇女们常叮嘱她们的丈夫下班后为小孩买纸尿裤，而丈夫们在买纸尿裤后又随手带回了两瓶啤酒。这一消费行为导致了这两件商品经常被同时购买，因此，沃尔玛公司索性就将它们放在了一块，既方便了顾客，又提高了产品销量。

事实上，早在 20 世纪 80 年代，沃尔玛公司就已经开始研究运用商业智能（Business Intelligence，BI）和一系列大数据技术来分析和预测其产业，并取得了显著的效果。上面讲到的"纸尿裤和啤酒"的故事，就是沃尔玛公司很好地运用了数据仓库、数据挖掘和数据分析的技术。沃尔玛公司的数据仓库里集中了各个门店一年多详细的原始交易数据。运用数据仓库，沃尔玛对商品进行购物篮分析，即分析哪些商品最有希望被顾客一起购买。在这些原始交易数据的基础上，沃尔玛利用自动数据挖掘工具对这些数据进行分析和挖掘，从而意外地发现了"纸尿裤"和"啤酒"的联系。

2020 年以来，随着新冠肺炎疫情的蔓延，导致越来越多的人选择或者被迫线上办公。在家通过线上办公平台参加远程会议、视频会议或者进行直播等成了常态。这时候，沃尔玛公司又对大数据进行了挖掘分析，并发现了一个有趣现象。沃尔玛公司副总裁丹·巴尔特雷特（Dan Bartlett）指出，美国疫情期间上衣销量上涨，但是裤子销量并没有明显变化。由于视频会议镜头聚焦在人们的上半身，只要保证上身衣着得体就足以应对各种情况，所以上衣的销量才会迅速增长（见图 12-12）。因此，沃尔玛公司提醒纺织行业企业注意，销量提升的几乎清一色是上衣尤其是 T 恤，下装如裤子等则表现平平，对于纺织行业企业来讲，要根据市场数据与趋势对产品生产计划进行适时调整。

图 12-12　疫情令上衣销量井喷、下装被冷落

图片来源：沃尔玛公司。

此外，沃尔玛公司的商业智能解决方案，还有其他方面的应用。

- 市场分析。沃尔玛公司利用数据挖掘工具和统计模型对数据仓库的数据进行仔细研究，以分析顾客的购买习惯、广告成功率和其他战略性的信息。在沃尔玛每周六的高级会议上要对世界范围内销售量最大的 15 种商品进行分析，并确保在正确的时间、正确的地点有正确的库存。

- 趋势分析。沃尔玛公司利用数据仓库对商品品种和库存的趋势进行分析，以选定需要补充的商品，研究顾客购买趋势，分析季节性购买模式，确定降价商品，并对其数量和运作做出反应。为了能够预测出季节性销售量，沃尔玛公司会检索数据仓库当中高达 10 万种商品一年多来的销售数据，并在此基础上做分析和知识挖掘。

由此可见，在 20 多年前，沃尔玛就已经开始尝试利用大数据技术来解决分析和预测其市场问题。商业智能提供了提取数据、处理加工、信息访问的技术手段。例如，报表作为一种固定格式的数据展现方式，能展现的可能只是事实的一个侧面，当决策人员需要从数据中了解事实的全貌时，他们必须在头脑中对种类繁多的报表里许多相关的数据进行融会与整合。当数据的规模越来越大、种类越来越多的时候，这种工作毫无疑问也将会越来越繁重。智能商务的数据整合工作能帮助决策人员从繁重的数据整合工作中解放出来，迅速地从各个侧面读懂数据，使他们腾出精力更加深入地研究问题的本质，这样既能提高决策的效率，又能通过对数据多角度、多层次的分析得到更深入的洞察能力。经过多年发展，商务智能的应用范围逐渐由支撑特定业务过程的战术性决策发展到在企业范围内系统化地创造价值。因此，越来越多的企业已将其视为战略性的企业应用。

根据百度百科定义，决策支持系统（Decision Support System，DSS）是指以管理科学、运筹学、控制论和行为科学为基础，以计算机技术、仿真技术和信息技术为手段，针对半结构化的决策问题，支持决策活动的具有智能作用的人机系统。该系统能够为决策者提供所需的数据、信息和背景资料，帮助决策者明确决策目标和识别问题，建立或修改决策模型，提供各种备选方案，并且对各种方案进行评价和优选，通过人机交互功能进行分析、比较和判断，为正确的决策提供必要的支持。该系统通过与决策者的一系列人机对话过程，为决策者提供各种可靠方案，检验决策者的要求和设想，从而达到支持决策的目的。

传统 DSS 采用各种定量模型，在定量分析和处理中发挥了巨大作用，它也为半结构化和非结构化决策问题提供支持，但由于它通过模型来操纵数据，实际上支持的仅仅是决策过程中结构化和具有明确过程性的部分。随着决策环境日趋复杂，DSS 的局限性也日趋突出，具体表现在：系统在决策支持中的作用是被动的，不能根据决策环境的变化提供主动支持；对决策中普遍存在的非结构化问题无法提供支持；以定量数学模型为基础，对决策中常见的定性问题、模糊问题和不确定性问题缺乏相应的支持手段。

智能决策支持系统（IDSS）是决策支持系统与人工智能技术相结合的系统，包括决策支持系统所拥有的组件，如数据库系统、模型库系统和人机交互系统，同时整合了最新的人工智能技术，如专家系统、多代理以及神经网络和遗传算法等。该系统是以信息技术为手段，应用管理科学、计算机科学及相关学科的理论和方法，针对半结构化和非结构化的决策问题，通过提供背景材料、协助明确问题、修改完善模型、列举可能方案、进行分析比较等方式，为管理者做出正确决策提供帮助的智能型人机交互式信息系统。智能决策支持系统的广义结构如图 12–13 所示。

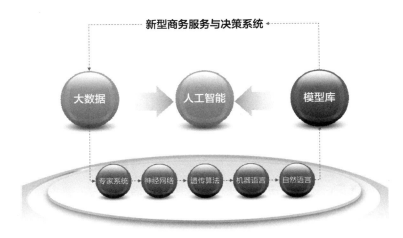

图 12–13　新型商务服务与决策系统

新型商务服务利用图谱进行知识内容组织，并将图谱显性化为服务功能，从而打造成商业知识的数字化地图。通过这一数字商业知识地图，化被动推荐为主动发现。用户在使用过程中，可以根据自己的需求，通过知识图谱精准地匹配和导航，快速找到每一个有价值的商业"新知"。同时，知识图谱将商业知识进行了结构化、有序化处理，帮助用户形成体系化、逻辑化的商业判断、决策、执行依据与能力。可以说，利用知识图谱，用户一眼就能看清楚每一个细分领域的商业逻辑，也能够以最快速度找到最需要的知识内容。

智能商务将在购物前、购物中和购物后等全场景中激发消费者的购买欲望。商业已经逐渐成为日常生活中的有机部分，商品也已经极为丰富，不再仅仅是卖家市场。除了智能手机以外，还有很多会让消费者不由自主地浏览和购买商品的高科技。例如，亚马逊的 Dash 按钮和由语音助手驱动的 Echo 设备都可以让人们在家中享受到便捷的购物。当你发现家里的卫生纸快用完了，就可以点一下 Dash 按钮；当你想起朋友下周就要过生日了，就可以让 Alexa 帮你订一束鲜花……

未来，5G、人工智能、生物识别技术、身份验证技术和位置传感器的进步，将能够使商家在综合考虑各个因素后为消费者提供个性化推荐。许多零售商早已使用智能手机关注顾客动态，以及进行特定的商品推荐。智能商务和互联设备将通过学习用户习惯、识别行为模式和环境模式，来使得消费体验更具预测性。像 Echo 这样的互联设备可以获取用户日常交互产生的数据，对可能发生的交易及其时机做出精准预测。

也就是说，智能商务通过将分散在企业各系统中的数据进行整合，使得繁琐的信息获取过程变得简便易行。运用智能商务后，企业内的信息都能被日常性地保存到企业的数据仓库中，以备决策者做决策时对信息进行访问。

第三篇

转型升级之 6T 新思维

尽管中美贸易摩擦、新冠肺炎疫情接踵而至，世界经济发展蒙上不确定的阴影，企业受到冲击将不可避免。但我们还是成功地抓住了世界移动通信的第五次升级（5G）和 AI 的第三次崛起（新一代人工智能）的发展时机。

唯有将 5G+AI 技术融入企业的 IT（Information Technology，信息技术）、CT（Communication Technology，通信技术）、OT（Operational Technology，运维技术）、PT（Product Technology，产品技术）、ST（Sales Technology，销售技术）和 MT（Management Technology，管理技术）之中，才能实现企业的重生。

第 13 章

IT：从资源要素到信息数据的转型思维

事实上，近年来企业发展的环境发生了巨变。

尤其是，随着互联网、物联网、云计算等信息技术与通信技术的迅猛发展，数据量的暴涨成了许多行业共同面对的严峻挑战和宝贵机遇。"人类正从 IT 时代走向 DT 时代。"阿里巴巴集团创始人马云在各种场合都不遗余力地表达自己的观点，信息社会已经进入了大数据时代。大数据的涌现改变着人们的生活和工作方式，以及企业的运作模式。马云认为，IT 时代是以自我控制、自我管理为主，而 DT 时代是以服务大众、激发生产力为主。这两者之间看起来似乎是一种技术的差异，但实际上是思维层面的差异。传统企业思维是线性的、可连续的，未来企业发展环境却是非线性的、非连续性的，"不确定性"将成为"新常态"。在这样的复杂环境下，企业发展模式不再是规模扩张，也不再是行业内的竞争，有时候企业甚至都不知道竞争对手是谁，扩大投资、扩大规模也不再能直接获得收益。因为各种新业态层出不穷，行业边界和企业分工都在变化，企业需要将已有的资源要素充分转化为信息数据，构成新的竞争力（见图 13–1）。

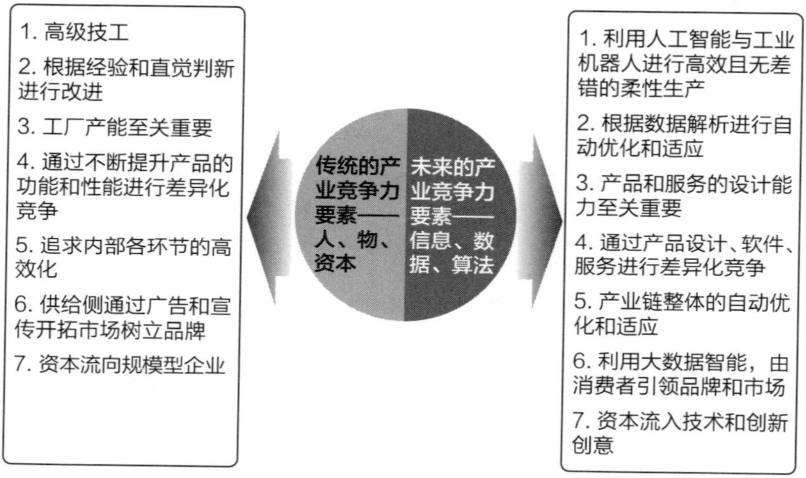

图 13-1　企业未来竞争力要素的转变

数据将是企业的"资产"，甚至是企业的"命脉"。基于系统性分析，数据将有助于推动各流程顺利开展，检测运营失误，提供用户反馈。当规模和范围均达到一定水平时，数据便可用于预测运营和资产利用效率低下的问题以及采购量和需求量的变动。企业内部数据可以多种形式存在，且用途广泛，例如与环境状况相关的离散信息，包括湿度、温度或污染物。数据的收集和处理方式，以及基于数据采取相应行动才是数据发挥价值的关键所在。以制造业企业为例，要想实现智能工厂的有效运作，制造企业就应当采用适当的方式持续创建和收集数据流，管理和存储产生的大量信息，并通过多种可能比较复杂的方式分析数据，且基于数据采取相应行动（见图 13-2）。

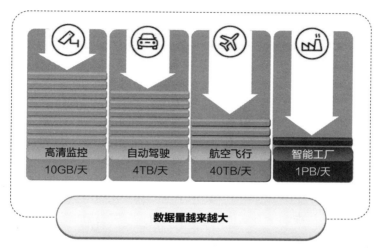

图 13-2　智能工厂的海量数据

注释：1PB=1024TB，1TB=1024GB

从传统意义上讲，企业家依靠经营经验、管理技巧和不对称信息进行管理，已经无法适应时代的需要。市场竞争日趋激烈，需要管理者快速搜集数据、做出决策和高效行动，并在行动过程中不断优化纠偏，这意味着，来自一线的实时大数据已慢慢代替经验成为决策依据。企业家只有清醒地认识到这一点，才能加速企业战略的转变（见图 13-3）。

竞争核心要素	发展战略	技术重点	流程管理	组织管理
1 利润	较低的成本	生产力	串行	面向部门
2 市场份额	产品上市时间	数据共享	网络合作	面向过程
3 数据	产品生态	知识管理	并行	人机协同

图 13-3　企业未来竞争力要素的转变

疫情期间，政府推动在线办公、在线教学，使互联网公司受益的同时，更是推动千万实体经济企业进行了一次最广泛、最深入的全国性分布式协作大演习。这有效提升了我国企业员工尤其是我国企业家的数字化素养，无形中培育了我国企业在未来国际数字经济竞争中的全面动手能力。

信息化管理始于 20 世纪 60 年代，经历了财务管理、员工管理、物资需求计划、销售管理、成本管理之后，20 世纪 80 年代的生产管理将信息化提升到了一个新高度。再后来，信息化管理不再仅仅面向企业内部，一些企业开始重视供应链管理、需求链管理，乃至价值链管理。"5G+AI"的深度融合，代表着数据管理时代的开启（见图 13-4 ）。

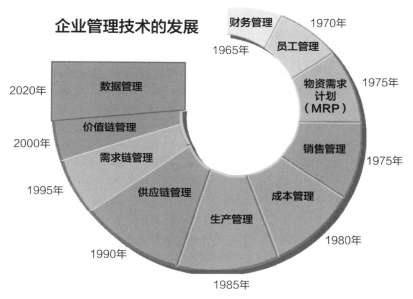

图 13-4 企业未来竞争力要素的转变

未来企业的数字化将实现信息流、商流、资金流和物流的四流统一，缓解了产业发展不均衡、增量市场萎缩的难题，有利于提高生产和运营的效率，降低要素成本，优化重组生产要素。创业者和企业家应该充分利用这个机会，在工具和实操层面推动企业内部分布化协作，更要在企业管理、组织文化和对外合作方面，全面推动数字化和智能化。

这场百年大变局和百年大流行病对每家企业来说都是一次考验，不仅仅考验响应速度，还考验整体协作能力、内在竞争力，以及在摆脱危机的同时能否增强竞争力和应对不确定性。而经此百年大变局和百年大流行病，也一定是一个加速淘汰和加速升级的过程，那些能用新技术进行转型升级、提升自身竞争力的企业，将会化危为机，在激烈的市场竞争中脱颖而出。

第14章

CT：从线下到线上的转型思维

受疫情影响，太多行业受到了冲击，但也有部分行业面临着机遇。例如，新冠肺炎疫情导致很多行业遭遇冲击，但是也同时给一些行业带来了全新的机遇，企业微信、钉钉等开放在线工作平台，让千千万万的企业能够开展工作。当全国各地都在建议自我隔离，取消线下各种活动的时候，拥有线上平台的企业反而是大展拳脚的时候，一些不具备线上平台，但是具有数字化能力的企业，也快速和平台对接，寻找自己的机会。但是对于没有数字化能力的企业而言，在这段时间里，可以说是束手无措。

从国外远程办公的发展趋势来看，美国超八成企业引入远程办公制度，有 3000 万人在家中办公；印度、墨西哥等国有 30% 员工可实现远程办公；而我国保守估计只有 500 万人，远程办公普及率很低。结合国内 5G 与移动互联网的发展，远程办公具备长期增长的动力。

与此同时，随着产业链跨地区分工、协作的需求日益提升，远程办公软件模式不断创新、功能更加完备，相信未来远程办公将成为很多企业调整组织结构、灵活用工的重要手段。

在疫情前，数字化转型对于很多企业来说还只是一句口号。经此疫情，相信企业会真正重视且行动起来，从"上线"开始，让自己成为一家拥有数字化技术的公司。从线下到线上的过程是企业数字化转型的重要一步，也将从两方面提升企业竞争力（见图 14–1）。

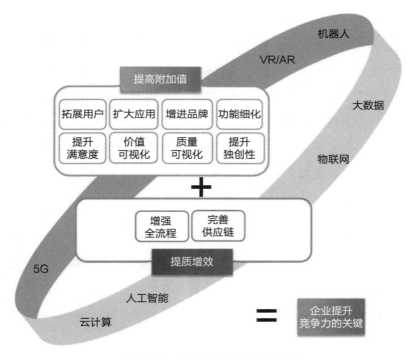

图 14–1　企业提升竞争力的关键

一是提质增效，利用云计算、人工智能、物联网、大数据、机器人、5G 和 VR/AR，将产品、设备、整条生产线和工厂基础设施以数字化的方式呈现，形成所谓的"数字孪生"，提升开发流程的效率，改善质量，有助于利益相关方之间的信息共享，能够在实际启动前模拟测试新的生产流程并进行优化。如果能与合作伙伴共同使用数据和信息，将更好地为优化自己的流程进行智能匹配。应对萧条，最重要的是在平日里打造企业高收益的经营体质。高收益正是预防萧条的最佳策略，因为高收益意味着即使因萧条而减少了销售额，企业也具备抵抗力，不至于陷入亏损。

二是提高附加值。利用云计算、人工智能、物联网、大数据、机器人、5G 和 VR/AR，来拓展用户、扩大应用、增进品牌、细化功能、提升满意度、实现价值可视化、质量可视化，提升独创性。

疫情之下，各类"在线"服务几乎一夜之间成为风口，非接触突破了空间限制，显现出了巨大价值。从线下到线上的过程实质上就是企业从产品、质量、服务和生产四个维度，有效运用"5G+AI"技术的过程。

- 产品方面，人工智能和 5G 赋能硬件的智能升级。通过内置移动操作系统或更新程序，将人工智能算法嵌入产品中，将所有产品通过 5G 实现联网，如智能家居产品、智能网联汽车、智能服务机器人产品等，从而帮助企业生产全新的智能化产品。
- 质量方面，人工智能和 5G 重构质量管理体系。基于人工智能技术，通过对海量缺陷图片的建模分析总结，开发出具备自主学习能力的自主检测新模型，再基于 5G 网络实现无间断、高精准的缺陷自主检查判定功能，突破产品缺陷必须由人员主管检查判定这一问题根源，通过人工智能代替人眼检查的新模式，彻底解决了人员检查低效、错漏不断的问题，达成了降低人力成本、提升产品品质、提高企业利润的目标（见图 14-2）。

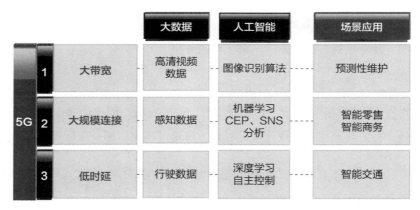

图 14-2　5G+ 人工智能

- 生产方面，人工智能和 5G 提升设备的生产能力。早期的人工智能是根据专家的经验或知识来优化生产流程的，而新一代人工智能基于 5G 实时采集大量数据，并从数据中自行归纳最优方案，实现深度学习（见图 14-3）。将新一代人工智能技术嵌入生产过程，能够提升生产设备的智能化水平，通过深度学习自主判断最佳参数，从而实现完全机器自主的生产和复杂情况下的自主生产，并全面提升生产效率。

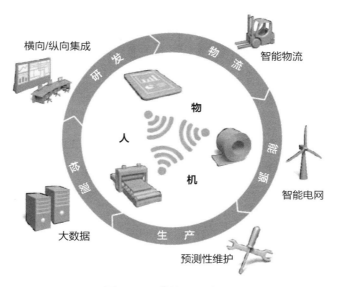

图 14-3 从线下到线上

- 服务方面，人工智能和 5G 提升企业的智能化水平。通过人工智能分析用户画像，判断重点需求，帮助企业进行精准的市场预测和优化营销能力。以 5G、物联网、大数据和人工智能算法，对产品进行实时监测和远程管理，提升售后服务水平。

随着 5G、人工智能与制造业的深度融合，许多国家和企业都意识到协同制造联网，是代表新一代信息技术与制造业深度融合创新大方向的顶级生态系统。未来的工业互联网平台，既包括生产设备、材料、产品等硬件领域，也包括各种管理软件、数据和服务领域。

信息通信技术与制造业深度融合，工业生产向数字化转型升级的趋势愈发明显，数字化的知识和信息数据已成为关键生产要素。

美国通用电气公司（GE）推出的 Predix 云平台是一个工业操作系统，其中有很多模块可以由各个企业根据其行业背景，构建适用于自己的解决方案。Predix 是面向工业领域的第一个基于工业大数据的云平台，主要有三层架构，底部是提供基础设施即服务层（IaaS），中间是平台即服务层（PaaS），最上端是软件即服务层（SaaS）。Predix 利用这三层云计算架构，将各种工业设备或机器以及供应商等相互联结，提供资产性能管理（APM）和运营优化服务，每天监控和分析来自数万亿设备资产上的千万个传感器所发回的 5000 万条大数据，帮助客户优化资源配置和业务流程，减少风险，实现 100% 无故障运行。

GE 公司将这个平台开放给所有工业合作伙伴，期望未来形成一个巨大的、完善的生态系统，由各个企业积极开发具有行业辐射效果的工业应用软件（App），并在此平台上发布共享、互相借鉴、互惠互利（见图 14-4）。平台作为"工业操作系统"的定位，既考虑了设备、软件、用户、开发者、数据等不同要素的管理与服务能力，同时又考虑了平台的基础技术和投入产出要求。其中，平台资源管理和应用服务，重点包括设备接入、软件部署、用户和开发者管理、数据管理、存储计算服务、应用开发服务、平台间调用服务、安全防护服务和新技术服务共九个子项；平台基础技术和投入产出能力，涵盖了平台架构设计、关键技术、研发投入、产出效益、应用效果和质量审计共六方面的内容。

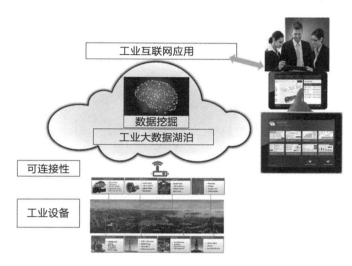

图 14-4　工业 App 的新业态

5G 的商用正好使互联网进入下半场，即消费互联网深化和工业互联网起步的时期，也是大数据和人工智能的基础。5G 生逢其时，将开拓在消费领域、产业领域的新应用。5G 的再出发还会出现我们现在还想象不到的新业态，例如制造能力的平台化，通过将数据化的制造资源在平台上进行模块化部署，进而实现制造能力（工业设计 App、工业检测 App、工业仿真 App 等）在线交易。

随着工业 4.0 的应用发展，网络和实体系统将紧密联系在一起，也就是物联网将生产现场的处理器、传感器连接起来，使得机器人之间可以进行通信，互相沟通，形成智能工厂。智能工厂是 5G 技术的重要应用场景之一。利用 5G 网络将生产设备无缝链接，并进一步打通设计、采购、仓储、物流等环节，使生产更加扁平化、定制化、智能化，从而构造一个面向未来的智能制造网络。在未来智能工厂的生产环节中，当涉及物流、上料、仓储等方案判断和决策时，5G 技术能够为智能工厂提供全云化网络平台。精密传感技术作用于不计其数的传感器，在极短时间内进行信息状态上报，大量工业大数据通过 5G 网络被收集起来，庞大的数据库开始形成，工业机器人结合云计算的超级计算能力进行自主学习和精确判断，给出最佳解决方案。在一些特定场景下，借助 5G 下的 D2D（Device-to-Device，设备到设备）技术，物体与物体之间直接通信，进一步降低了业务端到端的时延，在网络负荷实现分流的同时，反应更为敏捷。

此外，智能制造系统里还有人机交互，即人和机器人之间的互动，如用人工智能驱动、优化产品和流程等。越来越多的功能，如一些预测性维护或预测机器的能耗等，都可以在智能工厂里实现。工业互联网平台发展整体呈现四大特征。

- 泛在连接。即具备对设备、软件、人员等各类生产要素数据的全面采集能力。
- 云化服务。即实现基于云计算架构的海量数据存储、管理和计算。
- 知识积累。即能够提供基于工业知识机理的数据分析能力，并实现知识的固化、积累和复用。
- 应用创新。能够调用平台功能及资源，提供开放的工业 App 开发环境，实现工业 App 创新应用。

新工业革命愈演愈烈，机器设备、人和产品等制造元素不再是独立的个体，它们通过工业物联网紧密联系在一起，实现更协调和高效的制造系统。5G 能支持 1000 亿级别物的连接，并提供工业级别的可靠性和实时性，这些能力使得 5G 成为支撑工业互联网战略顺利实施的关键基础。

传统工业时代，材料、能源和信息是工厂生产的三个要素。纵观工业革命发展的历史进程，其实就是工厂利用材料、能源和信息进行物质生产的历史。材料、能源和信息领域的任何技术革命，必然导致生产方式的革命和生产力的飞跃发展。但是，随着移动互联网和云计算、大数据技术的发展，计算机到智能手机等移动终端的演进，越来越多功能强大的智能设备以无线方式实现了与互联网或设备之间的互联，由此衍生出物联网、服务互联网和数据网，推动着物理世界和信息世界以信息物理系统的方式相融合。也可以说，是这种技术进步使得工业领域实现了资源、信息、物品、设备和人的互通互联。

第15章 OT：从自动化到智能化的转型思维

一直以来，自动化在某种程度上始终是工厂的一部分，而高水平的自动化也非新生事物。然而，"自动化"一词通常表示单一且独立的任务或流程的执行。在过去，机器自行"决策"的情况往往是以自动化为基础的线性行为，如基于一套预定的规则打开或关闭阀门来控制水泵。通过5G与人工智能的应用，从自动化过渡为智能化，将覆盖通常由人类进行的复杂优化决策。

工业3.0时代流水线作业的主要特点是：物料通过流水线传送，操作工人在工位上不动，不断地简单重复一个固定的动作。其好处是可以避免操作工人在车间内来回走动、更换工具等劳动环节，从而显著地提升工作效率。随着可编程逻辑控制器（Programmable Logic Controller，PLC）的出现和普及，自动化技术得到了重大突破。PLC使得一些逻辑关联复杂的操作可以由设备自动完成。同时，数控机床技术的发展使得零部件能够在机床上按照图纸完成若干复杂的加工工作。此外，采用机械手等工业机器人技术，也使得替代操作工人的简单重复的固定作业成为可能。所以，在流水线上，经过分解的、由标准化动作组成的操作很容易被自动化的机器操作完成。也就是说，流水线很容易实现自动化。过去 30 多年是全球化发展最快的一段时期，发达国家通过产业转移将大量劳动密集型产业转移到劳动力成本较低的发展中国家。对于大量劳动密集型产业来说，自动化水平较高的流水线的综合成本往往要高于自动化水平较低的生产线。

但是，自动化流水线也有其弊端。例如，不能灵活地生产，不能满足个性化定制，而且重复性低、相对复杂、感知能力要求强的操作更适合人工来做。而更好地满足个性化需求，提高生产线的柔性是制造业长期追求的目标。

工业 4.0 时代，在生产线、生产设备中配备的传感器能够实时抓取数据，然后经过无线通信连接互联网，传输数据，对生产本身进行实时的监控。设备传感和控制层的数据与企业信息系统融合形成了信息物理系统，使得生产大数据能够被传到云计算数据中心进行存储、分析，形成决策后反过来指导设备运转。设备的智能化直接决定了工业 4.0 时代所要求的智能生产水平，进而形成智能工厂。

智能工厂并不仅仅是简单的自动化，还意味着通过互联互通的信息技术／运营技术格局，实现工厂车间决策和洞察，与供应链以及整个企业其他部分的融合。智能工厂将从根本上改变生产流程，大大增强与供应商和客户之间的关系。它应该是一个柔性系统，能够自行优化整个网络的表现，自行适应并实时或近实时学习新的环境条件，并自动运行整个生产流程。理想中的智能工厂可实现高度可靠的运转，最大限度降低人工干预。

在 5G 网络的连接下，智能工厂成为各项智能技术的应用平台。智能工厂有望与未来多项先进科技相结合，实现资源利用、生产效率和经济收益的最大化。例如借助 5G 高速网络，采集关键装备制造、生产过程、能源供给等环节的能效相关数据，使用能源管理系统对能效相关数据进行管理和分析，及时发现能效的波动和异常。在保证正常生产的前提下，相应地对生产过程、设备、能源供给及人员等进行调整，实现生产过程的能效提高。使用 ERP 系统进行原材料库存管理，包括各种原材料及供应商信息。当客户订单下达时，ERP 系统会自动计算所需的原材料，并且根据供应商信息即时计算原材料的采购时间，确保在满足交货时间的同时做到库存成本最低，甚至为零（见图 15–1）。

智能工厂能够整合全系统内的物理资产、运营资产和人力资本，通过数字孪生实现运营数字化，推动制造、维护、库存跟踪以及整个制造网络中其他类型的活动。其产生的结果可能是使系统效率更高，也更为敏捷，生产停工时间更少，对工厂或整个网络中的变化进行预测和调整适应的能力更强，从而进一步提升市场竞争力。

因此，5G 时代的智能工厂将大幅改善劳动条件，减少生产线人工干预，提高生产过程的可控性，最重要的是借助于信息化技术打通企业的各个流程，实现从设计、生产到销售各个环节的互联互通，

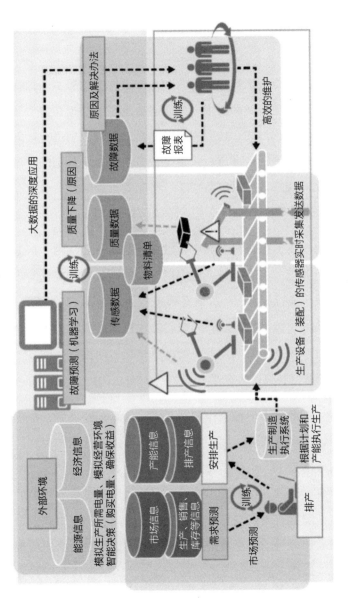

图 15-1 智能工厂

并在此基础上实现资源的整合优化，从而进一步提高企业的生产效率和产品质量。

智能工厂还能够从互联的运营和生产系统中源源不断地获取数据，从而了解并适应新的需求。许多制造企业已开始在多个领域采用智能工厂的流程方式，如利用实时生产和库存数据进行计划与排产，或利用虚拟现实技术进行设备维护等。但是，真正的智能工厂是更整体化的实践，不仅仅转变工厂车间，更影响整个企业和更大范围内的生态系统。

未来的智能工厂是整个数字化供应网络不可分割的一部分，能够为制造企业带来多重效益，使之更有效地适应不断变化的市场环境。采用并实施智能工厂解决方案看起来十分复杂，甚至难以实现。然而，在技术领域迅猛发展和未来趋势快速演变的环境下，制造企业要想保持市场竞争力或颠覆市场竞争格局，向更具弹性、适应性更强的生产系统转变已势在必行。

数据将有助于推动各流程顺利开展，检测运营失误，提供用户反馈。当规模和范围均达到一定水平时，数据便可用于预测运营和资产利用效率低下、采购量和需求量的变动等问题。智能工厂内部数据可以多种形式存在，且用途广泛，例如与环境状况相关的离散信息，包括湿度、温度或污染物。数据的收集和处理方式，以及基于数据采取相应行动才是数据发挥价值的关键所在。要想实现智能工厂的有效运作，制造企业必须采用适当的方式持续创建和收集数据流，管理和存储产生的大量信息，并通过多种可能比较复杂的方式分析数据，且基于数据采取相应行动。

当然，要建立更加成熟的智能工厂，所收集的数据集可能会随着时间的推移涉及越来越多的流程。例如，如果要对某一次实践结果加以利用，就需要收集和分析一组数据集。而如果要对更多的实践结果加以利用或从某一次实践操作上升至整个行业，就需要收集和分析更多不同的数据集和数据类型（结构化相对非结构化），还需考虑数据的分析、存储和管理能力（见图 15-2）。

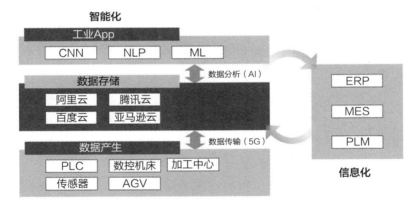

图 15-2　从自动化到智能化

互联是智能工厂最重要的特征，同时也是其最大的价值所在。智能工厂须确保基本流程与物料的互联互通，以生成实时决策所需的各项数据。在真正意义的智能工厂中，传感器遍布各项系统，因此系统可不断从新兴与传统渠道抓取数据集，确保数据持续更新，并反映当前情况。通过整合来自运营系统、业务系统，以及供应商和客户的数据，可全面掌控供应链上下游流程，从而提高供应网络的整体效率。通过 5G、人工智能等新技术与以前的自动化技术结合在一起，生产工序可实现纵向系统上的融合，生产设备和设备之间、工人与设备之间的合作，把整个工厂的内部联结起来，形成信息物理系统，使其互相之间可以合作、响应，并开展个性化的生产制造，从而既可以调整产品的生产率，还可以调整资源的利用情况，以采用最节约资源的方式。

经过优化的智能工厂可实现高度可靠的运转，最大限度降低人工干预。智能工厂具备自动化工作流程，可同步了解资产状况，并优化追踪系统与进度计划，也使得能源消耗更加合理，从而有效地提高产量、运行时间以及质量，并降低成本，避免浪费（见图15-3）。

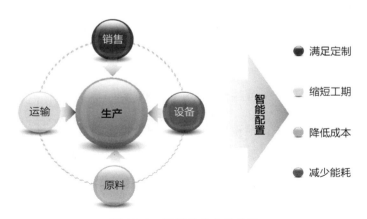

图 15-3　智能化带来的效果

智能工厂将在以下几个方面为企业智能化系统带来便利。

- 操作简化。相信，未来 10 年内，大部分制造业工作量将会被智能制造所取代。例如，利用视觉智能技术的"装配引导系统"能够自主识别多种零部件，引导工人按照正确流程进行装配，一旦出现错误，就会给予提醒。这种"傻瓜式"系统推广应用后，可为企业节省许多工人培训时间，实现人机友好的协作场景。

- 确保质量。智能工厂具备自我优化的特征，可快速预测并识别质量缺陷趋势，并有助于发现造成质量问题的各种人为、机器或环境因素。自我优化能够降低报废率并缩短交付期，提升供应率与产量。通过进一步优化质量流程，可打造更加优质的产品，减少缺陷与产品召回。

- 提高效率。智能工厂时刻生成海量数据，通过不断分析，揭示亟待修正与优化的资产绩效问题。诚然，自我修正是智能工厂与传统自动化的区别所在，同时也是智能工厂最大的优势之一。资产效率的提升将缩短停工期、优化产能并减少调整时间，并带来其他潜在益处。

- 降低成本。经优化后的流程通常成本更低，可进一步预测库存需求，促成有效的招聘与人才决策，并减少流程与操作上的变动。更加优质的流程还有助于企业全面了解供应网络，迅速及时地响应采购需求，从而进一步降低成本。流程进一步优化后，既可以提升产品质量，还可降低保修和维修成本。

- 生产安全。智能工厂还为员工福祉及环境的可持续性带来实质性益处。由于智能工厂可提升操作效率，因此相较于传统的制造流程，更能降低对环境的影响，促进整体环境的可持续发展。流程自动化程度的进一步提升，将降低人为错误的可能性，包括减少行业事故造成的工伤。

因此，在一家智能工厂中，人机协同将成为主流生产和服务方式，生产率大幅提升。员工与系统可预见即将出现的问题或挑战，并提前予以应对，而非静待问题发生再做响应。

这一特征包括识别异常情况，储备并补充库存，发现并提前解决质量问题，以及监控安全与维修问题。智能工厂能够基于历史与实时数据，预测未来成果，从而提高正常运行时间、产量与质量，同时预防安全问题。另外，企业还可通过创建数字孪生等流程，实现数字化运营，在自动化与整合的基础上，进一步提升预测能力（见图 15-4）。

图 15-4　智能工作

另外，智能工厂还具备敏捷的灵活性，可快速适应进度以及产品变更，并将不可抗力因素影响降至最低。先进的智能工厂还可根据正在生产的产品以及进度变更，自动配置设备与物料流程，进而实时掌控这些变更所造成的影响。此外，灵活性还促使智能工厂在进度与产品发生变更时，最大限度地降低调整幅度，从而提高运行时间与产量并确保灵活的进度安排。

要建设智能工厂，企业须从大处着眼，充分考虑各种可能，从小处着手进行流程方式的可控调整，并迅速扩大运营，逐步达成智能工厂的建设愿景，实现效益提升。仅实现资产之间的互联远远不够，企业还需开发存储、管理、分析数据以及根据数据采取行动的方法，部署生产线重构与动态智能调度、生产装备智能网联与智能数据采集、多维人机物协同与互操作等技术，建设工厂大数据系统、网络化分布式生产设施，实现生产设备网络化、生产数据可视化、生产过程透明化，以及生产现场无人化，从而提升工厂运营管理智能化水平。此外，企业还需配备合适的人才推动智能工厂建设，同时也需确立适当的流程。

5G 技术融入工厂之后，在减少机器与机器之间线缆成本的同时，还可以利用高可靠性网络的连续覆盖，使机器人在移动过程中的活动区域不受限，按需到达各个地点，在各种场景中进行不间断工作以及工作内容的平滑切换。

5G 网络能够为智能制造生产应用提供端到端定制化的网络

支撑。5G 网络可以达到低至 1 毫秒的端到端通信时延，并且支持 99.999% 的链接可靠性。强大的网络能力能够极大满足智能制造生产对时延和可靠性的挑战。在智能制造的生产场景中，需要机器人具备自组织和协同的能力来满足柔性生产。智能制造需要设备通过网络连接到云端，基于超高计算能力的平台，通过大数据和人工智能对生产制造过程进行实时运算控制。随着企业将大量运算功能和数据存储功能移到云端，从而大大降低了设备的硬件成本和功耗。另外，为了满足柔性制造的需求，机器人还需要满足可自由移动的要求。因此在智能制造生产过程中，需要无线通信网络具备极低时延和高可靠的特征。

预计未来 10 年内，5G 网络将覆盖工厂的各个角落。5G 技术控制的工业机器人，已经从玻璃柜里走到了玻璃柜外，不分昼夜地在车间中自由穿梭，进行设备的巡检和修理以及送料、质检等高难度的生产动作。机器人还可替代中、基层管理人员，通过信息计算和精确判断，进行生产协调和生产决策。这里只需要少数人承担工厂的运行监测和高级管理工作。机器人将成为人的高级助手，替代人完成人难以完成的工作，从而在工厂中实现人机共生。

PT：从制造产品到
生产服务的转型思维

"5G+AI"赋予物理形态的产品以数字属性，所有的数字功能嵌套在物理形态当中。所有的产品都是物理加数字，产品的功能、性质都发生了革命性的变化，数字资产开始走向前台（见图 16–1）。

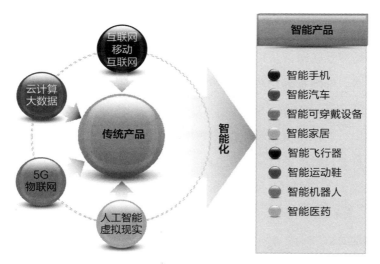

图 16–1　产品智能化是大势所趋

当前的汽车或许不再是一个"机械"，是一个由传感器、天线、接收器、显示仪等众多电子零部件组成的"电子产品"（见图 16-2）。

机械产品 →

电子产品↓

←未来?

←网络产品

图 16-2 产品智能化演进过程

随着互联网，尤其是移动互联网的发展，汽车开始与更多的外围设备、外围系统互动，传递信息、共享信息。通过与智能交通系统（Intelligent Traffic System，ITS）联网，可以实时获取交通信息、道路以及加油站信息等；通过接收卫星导航，实现丰富的定位信息服务；通过智能手机、平板电脑等外围设备实现更加具有扩展性的应用。汽车已经从一个"电子产品"进一步变身为一个"网络产品"。未来的汽车能否与网络互联，可能成为汽车市场竞争中的决定性因素。

智能化是社会发展的必然，是人类进步的表现。所有产品必然是智能化的产品，而智能化的发展必将带来产品革命性的演变。智能产品甚至能够演变成包括对顾客数据的抓取、对顾客数据的分析、信息的及时推送、完整的顾客解决方案、后续的跟踪服务等一整套的智能化方案。

例如，每辆汽车会时时刻刻将各种数据上传到云计算之中，那么 4S 店或厂家就可以提供满意度更高的售后服务。因为，它们能够通过大数据分析，预测出汽车各个部位的性能。一旦预测出哪个部位即将发生故障，它们就可以提前通知车主进行维修或保养，以避免因车辆性能失常造成的交通事故风险（见图 16-3 和图 16-4）。

数据流形成一个闭环，基于 5G 网络，从终端端口向云计算不断地迭代优化，进而做到供需匹配越来越精准，服务品质越来越优化。这样的动态循环意味着这种商业模式可以在动态的环境里不断优化，从价值层面看，它会远远超越原来物理端的属性价值。

因此，未来是从制造一个产品，变成了生产服务，针对顾客和商品管理的智能化，可以有效帮助管理者减少工作量、提高工作效率的智能化。

可以说，5G 和人工智能在国民经济和社会发展中发挥着越来越重要的作用。不仅仅是汽车，传统的通信系统、飞机控制系统、家电、电子玩具等以嵌入式系统为代表的物理产品在社会生活的各个领域广泛存在。而随着计算、网络和控制技术的发展，以及未来消费升级下市场需求的提高，这些产品都在不断地从物理产品演变成

图 16-3　产品意义的变化（1）

图 16-4　产品意义的变化（2）

"电子产品""网络产品"甚至"智能产品"。

从产品到产品＋数据＋内容＋服务，未来所有的产品都含有服务——"产品即服务"，因为产品背后都有数据的沉淀，都有内容分享的可能（见图 16-5）。

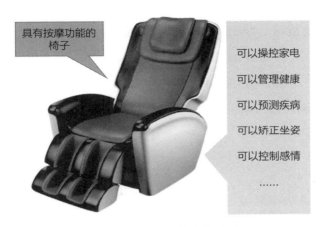

具有按摩功能的椅子

可以操控家电

可以管理健康

可以预测疾病

可以矫正坐姿

可以控制感情

……

图 16-5 产品意义的变化（3）

产品技术的未来趋势，使得人们必将会对售后服务、客户服务和业务解决方案极为重视。未来企业的商业模式，将不仅仅是销售硬件，而是通过销售出的硬件产品的维护等售后服务以及各种后续服务，来获取更多的附加价值，其商业模式将是以不断解决顾客问题为主。

例如，一个工业机器人厂家卖给用户许多工业机器人。以往，某个客户的工业机器人发生了故障时，客户会联系厂家上门维修。在等待上门维修直至维修好之前，用户将不得不停产，从而耽误了生产进度。而未来，工业机器人厂家将利用 5G 网络，实时监控采集卖给所有用户企业的工业机器人的运转数据，然后通过人工智能算法，对这些采集到的数据进行分析挖掘，从而得出智能预测——预测到某个客户用的某个工业机器人即将发生故障。那么，厂家就会提前联系，提前上门服务，以保证用户能正常使用。也就是说，不是今天有故障，明天请厂家维修，而是明天可能有故障，今天厂家就预测到了，提前上门解决好，让用户明天可以照常使用，不耽误用户生产进度。毫无疑问，这样一种预测性维护将会提升用户满意度，提高售后服务水平（见图 16-6）。

图 16-6　设备预测性维护

在美国、德国、英国，对服务、解决方案业务的认识都已经很普遍。美国的大型企业倾向于对服务、解决方案进行行业标准化，并向新兴市场国家推广。GE 公司在医疗服务中的举措可谓一个典型案例。德国、英国则通常是通过销售的咨询化使得"制造业服务化"得以成功。往往是销售之后，获取使用过程的大数据，根据数据分析建立新商业模式，进一步获取更多数据，再经过人工智能分析使得商业模式更加成熟，最终形成一个持续发展的闭环（见图 16-7）。

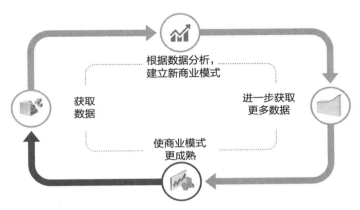

图 16-7　大数据应用（在循环中提升价值）

第 **17** 章

ST：从电子商务到直播带货的
转型思维

近 20 年来，随着互联网的普及，越来越多的企业选择电子商务这一新的销售技术，使得传统的商业模式不断地发生着变革（见图 17–1）。疫情期间，有数据显示消费者在综合电商购物的比例增长了 54.6%，其他线上方式增长了 47.9%。以啤酒为例，2020 年 2 月天猫商城啤酒销售额同比增长 48.2%，销售量同比增长 42.5%，线上均价同比上升 4.0%。

趋势一：向以消费者为中心演进

在目前市场竞争激烈、消费升级、消费者的诉求及消费方式不断变化的情况下，重视消费体验、建立消费体验、引导消费体验是新销售技术的研究重点之一。把握顾客的消费体验，就是要把握消费者的本质需求。需要企业打破以自我为中心的经营定位，真正建立以消费者为中心的定位，站在消费者的角度，感知更高层次的消费需求的特点。

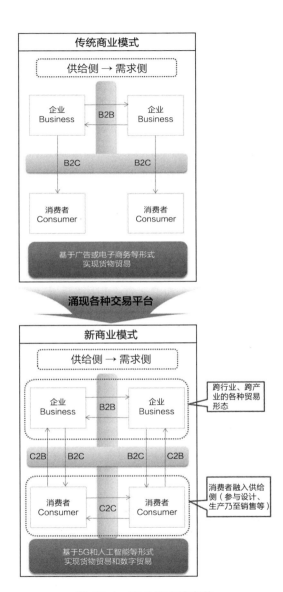

图 17-1　商业模式的变革

以往，电子商务平台开发成本高、物流配送不方便、银行支付结算不方便，使得企业更多地借助第三方电子商务平台进行网上营销。但是，第三方电子商务平台是面向所有网店提供的统一的标准样式，难以满足企业的个性化需求。

B2C（即企业对消费者）是一种电子商务模式，也就是通常说的直接面向消费者销售产品和服务的商业零售模式。这种形式的电子商务一般以网络零售业为主，主要借助于互联网开展在线销售活动。B2C 模式即企业通过互联网为消费者提供一个新型的购物环境——网上商店，消费者通过网络在网上购物、支付等消费行为。

B2C 联结的是网店卖家和消费者，扮演的只是网络销售渠道商的角色。而随着 5G、人工智能与销售技术的深度融合，传统的生产方式和商业模式都将发生变革，产品生产方式由大规模批量生产向大规模定制生产转变。当消费者可以直接向智能工厂定制商品且价格更低时，B2C 也将面临极大压力。

B2C 是以厂商利用第三方电子商务平台进行网上营销的商业模式，是一种大规模生产同质化商品、单向"推式"的供应链体系，消费者是被动的。

目前，B2C 所进行的商品分类都是按照商品的物理属性进行的分类（如生鲜、日配、男装、男鞋、数码等），在线上、线下的陈列分区，也是按照商品的物理属性进行分区的，顾客要选择购买商品，就要到每个区里去找商品，非常麻烦。这种做法就是以自我为中心，没有适应消费者的需求，商品陈列没有任何的场景、情景去感知顾客。

当前，消费的变化是更加追求个性化，个性化、差异化势必取代规模化、标准化。而从市场竞争激烈的环境来分析，必须发展差异化经营，才能克服目前的企业经营困境。

如今，随着开源软件技术、现代化物流体系以及互联网金融的发展，传统企业既可以基于开源电子商务平台以低成本的投入开发自己的电子商务网站，也可以与众多的快递配送公司签订物流合作，利用各个银行的应用软件接口（Application Programming Interface，API）实现支付功能。可以说，电子商务的技术门槛已经很低了，这也在一定程度上为企业搭建自己的个性化电子商务交易网站提供了便利，使得 C2M 模式成为可能。

C2M（顾客对工厂）是一种新型的基于社区 SNS 平台以及 B2C 平台模式上的电子商务互联网商业模式。在 C2M 模式下，用户可以在社交购物平台上建立自己的社交关系网络，将规模巨大但同时相互之间割裂的、零散的消费需求整合在一起，以整体、规律、可操作的形式将需求提供给供应商，从而将"零售"转化为"团购"，能够大幅提高工厂的生产效率和资金周转速度，价格因而又有了一个巨大的下调空间；同时以"团工长"模式，将参与"团购"的消费者需求信息整合起来，速送工厂，使其"以需定产、量体裁衣"。

C2M 与 B2C 完全相反，是一种围绕消费者的商业模式，以消费者为中心，凭借个性化营销捕捉消费者的多样化需求，是一种"拉动式"的供应链体系，在接到订单之后，再通过智能制造实现多品种的快速生产。通过 C2M 模式，企业可以提供自己的标准化模块供消费者进行选择性组合，或是吸引消费者参与到设计、生产的环节中来，做到既满足定制化，又实现短工期（见图 17–2）。

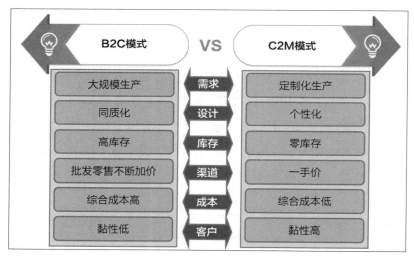

图 17–2 C2M 的优势

同样道理，B2B（即企业到企业）也是如此，必然向 C2B（即消费者到企业）发展。原有的 B2B 通过专用网络或互联网，进行数据信息的交换、传递，开展交易活动的商业模式将转换为 C2B，改变了生产者（企业和机构）和消费者的关系。

趋势二：向视频直播演进

通过观看短视频，点击下方的链接购买商品这一简易操作，使得短视频的天然门槛较低、用户流量大等优势催生一大批短视频带货主播。短视频与电商的交汇，打造了一个新的电商方式。阿里巴巴、抖音、快手、拼多多等短视频和电商平台纷纷推出"边看边买"等模式，利用短视频实现带货变现。短视频的互动性、易传播给用户带来了全新的感官体验，激发了用户的交互欲望，这些都是传统电商所没有的。

于是，直播成为类似于社交的工具平台，正在加速与电商、娱乐和资讯等产业的融合。淘宝、京东、拼多多、抖音、快手、B 站等平台加码直播，映客、花椒等泛娱乐直播平台强化带货。以锤子科技创始人罗永浩 2020 年 4 月 1 日的直播首秀为例，抖音官方给出的战报是：3 个小时左右，支付总额超 1.1 亿元，累计观看人数超 4800 万人（见表 17–1）。

表 17–1　　2020 年 4 月 1 日罗永浩直播带货商品一览

罗永浩直播带货商品
1. 小米 10 手机
2. 小米 10 Pro 手机
3. 石头扫地机器人 T7
4. 伊利安慕希酸奶
5. 网易严选人体工学椅
6. 每日黑巧

续前表

罗永浩直播带货商品
7. 搜狗 AI 录音笔 S1
8. 金龙鱼稻谷鲜生食用植物调和油
9. 松下爱妻号洗衣机
10. 柚家天然纸巾
11. 信良记鲜麻辣小龙虾
12. 嘉士伯 Tuborg 淡味型啤酒
13. 闲鱼二手交易平台
14. 史丹利木柄八角石工锤
15. 吉列锋隐致护 5 层剃须刀
16. 吉列 Heated Razor 超薄刀片热感剃须刀
17. 联想小新 Pro13 电脑
18. 联想网课平板 M10 PLUS
19. 联想口红电源
20. 联想个人云储存
21. 联想 Lecoo AI

显然，直播附带的互动性往往还具有实现个人需求的功能——主播依照粉丝意愿的试穿、试妆行为更能激发粉丝的购买欲。此时的电商直播，好比私人定制的线上逛街。

而未来，5G 会让直播迎来新高潮。随着直播技术的成熟，电商直播过程中的抽奖、优惠券派发等环节，更是带来了新的消费动力——无可取代的优惠属性。这在淘宝直播中，已经是很常见的情况了。

传统的销售技术必然造成的是效率低下、资源浪费，零售商、经销商、品牌厂家、设备商成本居高不下，最终导致的是所有的环节都是举步维艰。

企业必须要打破以往营销、促销的观念与定位，建立与消费者的合作关系，打破以往简单的买卖关系，建立起企业与顾客之间的价值关系。只有有价值的关系才是稳固的和长久的关系，其核心就是要体现自身对顾客的价值；只有充分展现商品对于消费者的价值，才能建立良好的顾客关系。对消费的感知、把握和引导，必然需要用到 5G 和人工智能等新销售技术。

- 情感的价值。在市场竞争激烈的环境下，增强企业与顾客的情感价值最为重要。只有建立在顾客对企业信任基础上的顾客关系，才是最稳定、最有价值的顾客关系。增强企业的情感价值，就是要准确把握消费需求，把握消费者的关注点，重视消费购物体验，做好一切针对消费者的服务细节。核心是要把消费者作为第一重要的人来对待。在未来市场竞争更加激烈的市场环境中，通过 5G 网络的高清视频直播直接与消费者情感交流，建立信任，必将是企业市场竞争、提升业绩、健康发展的最主要措施。

- 商品的价值。商品的核心在于把握顾客的消费需求，提供满足顾客需求的商品，提供人无我有的商品，提供超值的商品。唯有用好 C2M 或者 C2B 模式，才能够彻底打破千店同品的商品格局，在提供差异化的商品上寻求强力突破，在开发个性化、差异化、高附加值的商品上下功夫，在挖掘顾客潜在消费需求上做文章。

- 购物体验的价值。顾客购物过程的良好体验，是企业建立与顾客良好关系的重要过程。特别是在当前的消费诉求的环境下，必须要更加重视过程体验。从一定角度上讲，当前市场竞争的主要关键点是购物体验，就看哪家企业能够提供更多的功能，注重更多的细节，提供更多完美的服务。

2020 年 6 月 1 日，董明珠代表格力电器在网上直播带货，当天的累计销售额高达 65.4 亿元，创下了家电行业的直播销售纪录。65.4 亿元相当于格力电器 2020 年一季度营收（203.96 亿元）的32%。

格力电器能取得这样的业绩主要有两大前提，一是销售技术，二是销售队伍。从销售技术角度来看，二维码追溯、线上成交、销售分成等一系列流程，都需要 5G 网络和人工智能系统的支持；从销售队伍角度来看，董明珠的背后是千万经销商铁军，是扎实的销售体系。

董明珠做直播的时候，给用户发一个专属的二维码，用户就可以扫二维码进入董明珠的直播间。系统可以通过二维码来识别你是哪个经销商所带来的流量。一旦用户产生购买，格力就能给相应的经销商分钱。所以，董明珠的直播带货，本质上是直播分销的逻辑。经销商的价值是引流，而直播间的价值是转化。转化成功之后，给经销商分钱。

在直播间成交之后，格力总部会通过二维码来追溯，每个经销商带来了多少流量，产生了多少销售额，然后给各地的经销商分钱。比如，一家经销商带来的用户成交了 1000 台，销售额是 290 万元，格力总部就直接打给该经销商 290 万元。成交的 1000 台空调，由该经销商负责发货和售后。290 万元扣除掉进货成本，剩下来的就是经销商的利润。

由此可见，任何一种商品的销售，其选择权不在企业，而在于消费者。随着 5G 和人工智能技术的快速发展，唯有新销售技术才能充分体现情感的价值、商品的价值和购物体验的价值。这不是企业选择与不选择的问题，而是必须结合的问题。

第 18 章

MT：从集中式管理到分布式
协同的转型思维

管理效率是企业首先会考虑的问题。在具体流程管理方面，工业 4.0 对企业的意义在于，它能够将各种生产资源，包括生产设备、工厂工人、业务管理系统和生产设施形成一个闭环网络，进而通过物联网和系统服务应用，实现贯穿整个智能产品和系统的价值链网络的横向、纵向的链接和端对端的数字化集成，从而提高生产效率，最终实现智能工厂。

通过智能工厂制造系统在分散网络上的横向链接，就可以在产品开发、生产、销售、物流、服务的过程中，借助软件和网络的监测、交流沟通，根据最新情况，灵活、实时地调整生产工艺，而不再是完全遵照几个月或者几年前的计划。只有具备上述特征，企业才可以更加全面清晰地了解其资产与系统，有效应对传统工厂所面临的挑战，最终提高生产率，更加灵活地响应不断变化的供应商及客户情况。

工业4.0的智能化和疫情带来的在线远程办公，打破了传统企业的管理边界。不止于此，数字经济正在推动企业垂直型管理体系向互联型管理体系的转变，企业家不仅要关注企业内部的效率，而且要关注产业链、供应链、价值链和企业生态，实行共享综合技术运用和平台开发。

工业4.0通过信息物理系统将不同设备通过数据交互连接到一起，让工厂内部、外部构成一个整体。而这种"一体化"其实是为了实现生产制造的"分散化"。工业4.0时代，生产模式将从"由集中式中央控制向分散式增强控制"转变，"分散化"后的生产将变得比流水线的自动化方式更加灵活。生产什么、什么时候生产、在哪里生产都成了变量，组织模式也很可能需要随之转换。最终，各个要素以"智能匹配"为目标进行组合、匹配和协同，一旦形成稳定的商业和组织模式，就可能实现指数级的增长。

工业4.0报告中描述的动态配置的生产方式主要是指从事作业的机器人（工作站）能够通过网络实时访问所有有关信息，并根据信息内容，自主切换生产方式以及更换生产材料，从而调整成最匹配模式的生产作业（见图18-1）。动态配置的生产方式能够实现为每个客户、每个产品进行不同的设计、零部件构成、产品订单、生产计划、生产制造、物流配送，杜绝整个链条中的浪费环节。与传统生产方式不同，动态配置的生产方式在生产之前或者生产过程中，都能够随时变更最初的设计方案。

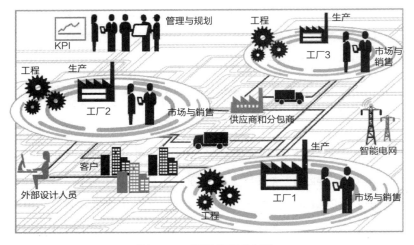

图 18-1　网络协同的制造

资料来源：惠普公司，2013。

例如，目前的汽车生产主要是按照事先设计好的工艺流程来进行的生产线生产方式。尽管也存在一些混流生产方式，但是在生产过程中，一定要在由众多机械组成的生产线上进行，所以不会实现产品设计的多样化。管理这些生产线的制造执行系统（Manufacturing Execution System，MES）原本应该带给生产线更多的灵活性，但是受到构成生产线的众多机械的硬件制约，无法发挥出更多的功能，作用极为有限。同时，在不同生产线上操作的工人分布于各个车间，他们都不会掌控整个生产流程，所以也只能发挥出在某项固定工作上的作用。这样一来，很难实时满足客户的需求。

在工业 4.0 描绘的智能工厂中，固定的生产线概念消失了，而是采取了可以重新动态地、有机地构成的模块化生产方式。例如，生产模块可以视为一个"信息物理系统"，正在进行装配的汽车能够自动在生产模块间穿梭，接受所需的装配作业。其中，如果生产、零部件供给环节出现瓶颈，能够及时调度其他车型的生产资源或者零部件，继续进行生产。也就是说，为每个车型自动选择适合的生产模块，进行动态的装配作业。在这种动态配置的生产方式下，可以发挥出 MES 原本的综合管理功能，能够动态管理设计、装配、测试等整个生产流程，既保证了生产设备的运转效率，又可以使生产种类实现多样化。

工业 4.0 的兴起以及数字世界和物理世界的融合（包括信息技术和运营技术的融合），正使制造流程的互联互通和供应链转型日益成为可能。从线性序列式的供应链运营模式转变为互联互通的开放式供应链体系，能够为企业的未来竞争奠定基础。但是，要充分实现数字化供应网络的转型，制造企业需具备多方面的能力，包括推动企业运作的众多运营系统间横向整合的能力、互联制造系统间垂直整合的能力，以及整个价值链端到端、全面整合的能力。

而对组织而言，随着数字经济的发展，特别是区块链、人工智能带来的去中心化、分布式架构，倒逼数字企业由层级化组织向弹性组织转变，呈现出网络化、扁平化和自组织自适应性等显著特征，各个要素组合、匹配、协作的关系变得越来越准确、恰当。我们在疫情防控中可以看到，具有协同工作平台、分布式网络与价值链上的伙伴成员的企业，比如腾讯、美的、阿里巴巴等企业能够在此次疫情中快速反应，高效行动，不仅仅在疫情防控战中发挥着巨大作用，同时也在调整企业自身的应对措施中占据先机。

当前，在企业的设计和生产环节中，信息化系统已得到一定程度上的应用，例如在研发环节得到普遍应用的计算机辅助设计（Computer Aided Design，CAD）、在生产环节导入的 MES 以及在企业管理环节中得到广泛应用的 ERP 信息系统等。但是，在解决设计、制造、管理等环节信息协同的过程中，系统解决方案的应用仍需完善。

日益复杂的供应链与全球化的分工、全球化的市场化驱动着生产日益离散化，生产过程往往涉及不同地区多个供应商或合作企业。与此同时，区域、本地以及个体的个性化需求渐增，加之不断变化的需求与日益稀缺的资源，供应链变得越来越复杂。工业 4.0 其实就是基于信息物理系统实现智能工厂，利用 5G 和人工智能、认知计算以及机器学习等技术，分析、调整或学习互联设备所收集的数据，让企业具备这种发展和适应的能力，并结合强大的数据处理与存储性能，以产品和工厂全生命周期的相关数据为基础，在计算机虚拟环境中对整个生产过程进行仿真、评估和优化，并进一步扩展到整个产品和工厂生命周期的新型生产组织方式。这样一来，企业不仅可实现任务自动化，还能处理高度复杂的互联流程。

未来企业必须建立基于市场变化的快速反应机制，特别是集团企业，必须打破传统流程化的工作模式，克服企业总部对各个分支机构反应迟钝的工作方式，从采购、商品管理、数据管理、营运、营销等多环节的共同高效响应机制，提升企业的效率与执行力。同时，企业必须要建立基于各个分支机构业绩变化的快速反应机制。要从总部到各个分支机构，形成对消费变化跟踪、分析、研究的机构与办法，能够根据各个分支机构的市场变化，及时采取调整措施，防止发生严重背离。

工业 4.0 的趋势如此，疫情的现实也是如此。分布式协同是企业在未来一定要拥有的工作方式，因为这种新的工作方式，可以让组织成员更具创造力，并可以发挥作用；可以让企业能够动态应对变化；可以让企业在分布式协同网络中，与价值链成员更高效地创造价值。分布式协同推动了企业价值的网络化。作为企业命脉的价值链条，不再是线性、平面的，而将会变成矩阵的、多维的。价值随着企业的生产和经营活动，向四面八方传递和流动。

每一个工作单元（模块）成员，可以是灵活便捷的组合，组织成员也可以同时在各种不同的组合之中，信息要求更加透明、对称，而成员之间围绕着任务展开工作，而不是围绕着职权或者流程展开工作，这就要求企业对传统的办公模式进行彻底的变革。

企业过去运行模式从产品研发、采购、制造、渠道到消费者，价值链太长，涉及面太广，有大供应商、中供应商、小供应商。随着 5G 和人工智能技术的成熟，企业可以利用最新的信息通信技术，综合物联网、大数据、云计算等前沿技术组成分布式协同网络，将需求拉动的范围从供应链进一步扩展到包含了用户网络的供需链网络，实现信息透明和流程高效（见图 18-2）。

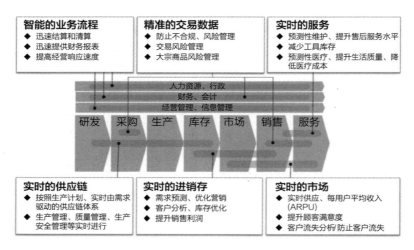

图 18-2 全生命周期的协同管理

分布式协同方式使产业上下游协同，行业与外部整合跨界，从而激活企业所有业务模块，调动所有上下游资源，解放所有的生产力。对市场响应速度，考虑的是供应链的竞争力；计划优化，考虑的是在满足市场需求前提下，如何控制库存；而供应链执行优化，则主要考虑的是运作效率，降低各个环节的运作成本。

自从弗雷德里克·温斯洛·泰勒（Frederick Winslow Taylor）的《科学管理原理》一书面市，管理成为科学并被广泛运用到企业及各个领域，由此而演变发展的组织管理理论，也沿着分工这条脉络延展开来，分工成为主要的组织管理方法。因此很多企业家推崇效率来源于协同而非分工。

由于上下游企业各自为战，缺乏"协同"，库存问题就无法避免。日本丰田汽车公司发展成世界第一大汽车制造商的秘诀就在于基于"协同"思想的丰田生产方式（Toyota Production System，TPS）。TPS 方式以整个生产系统为优化对象，供应链企业之间就是可以相互协调的，理论上可以实现零库存。TPS 方式提出了"消灭一切浪费"的口号，追求零浪费的目标。丰田公司进一步认为，库存掩盖了生产系统中的缺陷与问题，在不断消灭库存的过程中，可以对生产基本环节中存在的矛盾进行暴露并加以改进。因此"零库存"成为推动改进的重要抓手。

TPS 方式秉承"以用户为中心"的理念，消除库存的核心秘诀，在于将传统的上游产能推动，变为以下游工序（用户）需求拉动，通过"看板"从下游向上游传递信息，生产中的节拍可由人工干预、控制，但重在保证生产中的物流平衡。

生产中的计划与调度，是由各个生产单元在相互协调中自行完成的，在形式上不采用集中计划。TPS 方式的实质是把企业的内部活动和外部的市场（顾客）需求和谐地统一在企业的发展目标之下，采用细胞生产、固定变动生产等布局及生产编程方法，对生产过程进行更加灵活和精细化的控制。TPS 方式的两个关键支柱是准时化和自动化。

所谓准时化，是在通过流水线作业装配汽车的过程中，所需要的零部件在需要的时刻，以需要的数量、不多不少地送到生产线的相应位置，从而尽可能地实现零库存。

所谓自动化，是强调包括"人的因素的自动化"，流水线各工序的自动化机器密切配合，而人则负责巡视机器，及时发现异常情况并进行处理，从而尽可能减少残次品浪费。

在 5G 和人工智能时代，TPS 方式也将迎来新的升级。以大数据为生产要素（智能化），以工业互联网为生产方式（网络协同），其中智能化是 TPS 方式"自动化"的升级版，网络协同则是"准时化"的升级版。

未来，企业与企业间的效率提升需要依靠分布式协同，依靠信息数据交换与共享。无论是协同，还是信息数据交换与共享，都需要企业间达成"共识"。5G 和人工智能的出现，让这一共识有了实现的可能。5G 时代，数据的共享 / 交换，极大地提高了消费者与消费者之间、消费者与企业之间，以及企业与企业之间的协作效率；基于人工智能技术，资源可智能配置的协同发展将是企业间主要的发展模式，而灵活动态的分布式协同也将变得越来越普遍，并产生良好的成效。

参 考 文 献

[1] 中国政府网：新一代人工智能发展规划 [EB/OL]. (2017-07-20) [2020-04-22]. http：//www.gov.cn/zhengce/content/2017-07/20/ content_5211996.htm.

[2] 中国政府网：国家信息化发展战略纲要 [EB /OL]. (2016-07-27) [2020-09-22]. http：//www.gov.cn/xinwen/2016-07/27/ content_5095336.htm.

[3] 中国电子学会. 新一代人工智能发展白皮书 (2017) [R/OL]. (2018-03-05) [2019-06-20]. http：//www.199it.com/ archives/694966.html.

[4] 中国信通院. 人工智能发展白皮书 – 产业应用篇（2018 年）[R/OL]. (2018-12-31) [2019-06-20]. http：//www.caict.ac.cn/kxyj/ qwfb/bps/201812/t20181227_191672.htm.

[5] 中国信通院. 2017 年中国人工智能产业数据报告 [R/OL]. (2018-02-13) [2019-06-20]. https：//www.sohu.com/a/222582172_735021.

[6] 中国信息通信研究院. 5G 经济社会影响白皮书 [R/OL]. (2017-05-30) [2019-06-20]. http：//www.caict.ac.cn/email/xtydt/201706/ t20170613_172681.html.

[7] 中国电信. 5G 技术白皮书 [R/OL]. (2018-07-01) [2019-06-20].

http：//www.sohu.com/a/238706454_100180709.

[8] 东北证券."人工智能 +"引领人类社会变革 [R/OL]. (2016-05-27) [2020-06-30]. https：//doc.mbalib.com/view/7e74367a7f0fdc95eb1cff77a5068f8e.html.

[9] 徐恒："接地气"的 PLC 如何支撑智能工厂 [EB /OL]. (2015-06-12) [2020-04-22]. https：//gongkong.ofweek.com/2015-06/ART-310012-8420-28967680.html.

[10] 国家制造强国建设战略咨询委员会.智能制造 [M]. 北京：电子工业出版社，2015.

[11] 德勤.智能工厂：响应度高、适应性强的互联制造 [R/OL]. (2018-01-29) [2020-05-30].http：//www.sohu.com/a/219628311_204078.

[12] 德勤.中国智慧物流发展报告 [R/OL]. (2018-02-06) [2020-06-30]. http：//www.sohu.com/a/221277587_99935012.

[13] 德勤.2018 中国智能制造报告 [R/OL]. (2018-09-27) [2020-06-30]. https：//www.sohu.com/a/256552206_640189.

[14] IHS 经济部和 IHS 技术部.5G 经济：5G 技术将如何影响全球经济 [R/OL]. (2017-01-01) [2019-05-20]. https：//www.qualcomm.cn/documents/ihs-5g-economic-impact-study.

[15] 安信证券研究中心.5G 系列报告之二 [R/OL]. (2018-01-24) [2019-09-20]. http：//www.essence.com.cn/news/industry.

[16] 安信证券.人工智能：现代科学皇冠上的明珠 [R/OL]. (2017-08-31) [2020-07-30]. https：//wenku.baidu.com/view/7372cd0d53d380eb6294dd88d0d233d4b14e3f69.html.

相信未来

挪威戏剧家、诗人亨利克·易卜生（Henrik Ibsen）曾经说："真正的强者，善于从顺境中找到阴影，从逆境中找到光亮，时时校准自己前进的目标。"愿我们面对日益复杂的外部环境，在困境中找到光亮，克服重重困难，变革自我，成为真正的强者。

我（王喜文）曾经在国企、民营企业、国外企业、科研机构、国家部委、地方政府等就职，可以说工作履历独一无二。1998年大学毕业开始在北京第一机床厂工作两年，为日本开发10年计算机软件，后来在科技部情报所战略研究中心从事博士后研究工作，在北京市房山区任经济和信息化委员会副主任，在工业和信息化部国际经济技术合作中心任电子商务研究所所长、工业4.0研究所所长、工业经济研究所所长，直到2018年初辞去体制内工作。在22年的研究、学习和企业调研过程中，我始终对那些经历了数次变革、度过各种危机、保持旺盛生命力的企业充满敬意。尽管这些企业的行业背景截然不同、个性迥异，但是很容易看出，它们都有一个共同的重要特征：在危机中确定增长的信心，不断学习和引入新技术，在危机中彻底地进行自我变革，不断学习和引入新思维。

萧条是成长的机遇。企业就是应该通过萧条这样一种逆境来谋取更大的发展。不景气的程度越严重，就越要以积极开朗的态度去面对，全员团结一致，不忘创业初衷，牢记钻研使命，竭尽全力度过困境。

危机使市场格局重新被界定。对于可以利用这种格局的企业而言，危机也是一种新的契机。如果企业管理者真正理解危机带来的冲击，理解如何去认知危机并做出彻底的改变，那么对企业来说，危机可能并不都是坏事。

所以说，如何驾驭不确定性，确保企业可以跟上环境的变化，将成为未来企业管理的核心。

管理大师理查德·帕斯卡尔（Richard Tanner Pascale）在 1981年出版的《日本企业管理艺术》一书中，详尽地描述了日本企业如何重视"软性的"管理技能，而美国的企业则过分依赖"硬性的"管理技能，并从中总结出管理中的七个要素：三项硬件要素——战略（Strategy）、组织（Structure）和系统（Systems），四项软件要素——员工（Staff）、技能（Skills）、经营模式（Style）和共同的价值观（Shared Value），并论述了它们之间的相互关系——这就是后来大名鼎鼎的麦肯锡 7S 模型。

尽管企业文化、组织建设、共同的价值观等"软实力"是必要的，但我更坚信积极汲取新技术的"硬实力"也是必需的。受 7S 模型启发，我才提出了 6T 新思维的概念，建议企业利用技术升级这一"硬实力"与传统"软实力"建设形成互补，助力企业克服危机，转型升级。

左手 5G，右手 AI，能够推动多个领域的变革和跨越式发展，能够把传统产业自上而下打散，重新组合，对传统行业产生重大颠覆性影响。无论人体自身还是企业、产业，都将面临智能化重构的冲击，比如，5G+AI 可以加速发现医治疾病的新疗法，大幅降低新药研发成本；5G+AI 可以在国防、医疗、工业、农业、金融、商业、教育、公共安全等领域取得广泛应用，催生新的业态和商业模式，引发产业结构的深刻变革；5G+AI 还可以带动工业机器人、无人驾驶汽车等新兴产业的飞跃式发展，成为新一轮工业革命的推动器（见图 P–1）。

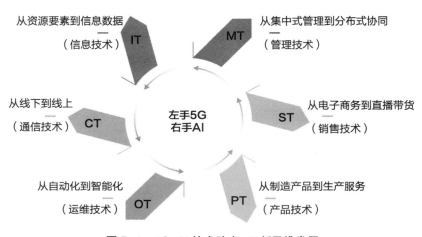

图 P–1　5G+AI 技术助力 6T 新思维发展

毫无疑问，5G+AI 将带来一大波机遇。一方面，新技术带来红利，进而产生新机遇；另一方面，新技术带来升级，进行推动新发展。5G+AI 就是世界未来的趋势，更是我国的发展大趋势。

AI 是 IT 的顶峰，5G 是 CT 的顶峰。唯有将 5G+AI 技术融入企业的 IT、CT、OT、PT、ST、MT 之中，企业才能开拓新的商业机遇、实现业务的数字化转型。

当前的不确定时代可能是一段短暂的沉默期，不久的将来，世界经济必将迎来新一轮曙光。对企业而言，唯有转变新思维，用好新技术，才能重生，才能实现转型升级。